JN438656

바로 지금이야!

— 무던한 오후의 새로운 바람

바로 지금이야!

— 무던한 오후의 새로운 바람

이남옥 수필집

수필과비평사

■ 머리말

덕분입니다

퇴직 기념으로 산티아고 순례길을 다녀왔다. 먼 길을 떠날 때 나는 아무 목표를 갖지 않았다. 오랫동안 꿈꾸어 오던 것이니 기회는 바로 지금이라는 생각밖에 없었다. 이 책을 펴내려고 마음먹었을 때도 그 생각만 하기로 했다. 살면서 가장 좋은 때란 없다. 기회가 주어진 지금이 바로 그때라고 생각하며 그동안 써 온 글을 다듬었다.

누에가 실을 뽑아내어 고치를 짓듯, 이야기를 엮고 보니 책을 내기로 한 일이 잘한 결정이라는 생각이 들었다. 사느라 애썼다고 나를 안아 주고 잘 살아왔다고 어깨를 추어주는 시간이 되었다. 평범하게 살아서 재미있거나 특별한 사건은 없지만 때로는 울고 웃으며 아련한 추억에 젖기도 하고 앞날에 다가올 일로 불끈 힘이 솟기도 했다. 글은 그런 힘이 있나 보다.

예전에 국립중앙박물관 중앙홀 한가운데에 주먹도끼가 전시

된 걸 보고 깜짝 놀란 적이 있다. 미개한 원시인의 하찮은 도구지만 유물의 가치를 알고 가장 중요한 자리에 놓아둔 것에 감동했다. 주먹도끼가 오랜 세월에 걸쳐 지금의 스마트폰에 이르렀듯 그냥 하늘에서 뚝 떨어진 것은 세상에 없을 것이다.

인생을 한 바퀴 돌아 멈춰 서서 뒤돌아보니 지난날은 모두 지금과 연결되어 있다는 것을 새삼 깨닫는다. 이 자리에 닿을 수 있도록 도와준 많은 사람과 시절, 사물을 떠올려 본다. 가진 능력이나 노력보다 훨씬 잘 살아가고 있는 것은 모두 그들 덕분이다. 이렇게 연결되었다는 것이 얼마나 운 좋은 일인가.

책을 펴내며 내 소소한 이야기가 누군가에게 위로가 되었으면 좋겠다는 바람을 갖는다. 소중한 존재라고, 잘 살아가고 있다고 토닥토닥 등을 두드려 주는 힘이 되었으면 좋겠다.

차례

1부 인연 따라

2부
사는 일

3부
새로운 바람

4부
바로 지금이야

1부

인연 따라

어디서 왔을까

따라가다 보면

모든 게 연결되어 있다.

인연

내가 중학생일 때 우리집은 누에를 많이 길렀다. 그 시기는 잘 살아 보자고 누구나 부지런히 일할 때였다. 더구나 학생이 많아서 돈이 궁하기도 했다. 사랑방 가득 누에 방을 꾸미고 안방도 절반이나 떼어 천장까지 닿을 정도로 섶을 올렸다. 누에 기르는 동안 좁아진 방에서 서로들 새우잠을 자야 했고 온통 누에가 중심이 되어 식구끼리 한자리에 모여 밥 먹기도 힘들었다. 하지만 한 달 정도 지나면 돈이 많이 들어오고 살림이 조금은 윤이 났다.

어느 해, 누에가 마지막 잠을 자려고 엄청나게 먹어대는 바람에 뽕잎이 모자라게 되었다. 누에를 기를 때는 정말로 친자식 기르듯 정성을 쏟아야 한다. 잘 먹고 잠을 잘 자야 병에 걸리지 않고 실을 뽑아 고치를 만드는 것이다. 싱싱한 뽕잎을 구해야 하는

데 누에를 기르는 집마다 넉넉하지 않아 얻을 수 없었다. 까딱하다간 굶겨 죽게 만들 상황이었다. 잠업이 실패하면 줄줄이 대야 하는 등록금을 감당할 재간이 없었다. 다행히 수소문 끝에 돌아가신 외할아버지와 친하게 지냈다는 분의 집에 뽕잎이 많다는 이야기를 듣게 되었다. 뽕잎은 시들기 전에 서너 시간마다 갈아줘야 하고 먹고 남긴 것이나 똥은 바로바로 치워 주어야 한다. 일일이 애벌레를 새 섶으로 옮긴 다음 청소해야 하는 일로 언니들은 집에 남아 있고 나만 엄마를 따라나섰다.

어렸을 때 외가에서 보면 앞들 너머로 건너다보이던 동네였다. 마을로 들어가니 아주 생소했다. 엄마는 기별이 되어 있었던지 바로 뽕밭으로 갔다. 부지런히 손을 놀렸다. 봄 햇살에 황홀하게 빛나던 연한 잎들이 똑똑 잎자루에서 부러져 나갔다. 중학생의 복잡한 머릿속은 뽕잎 따는 일로 몰입되었다. 단순한 손놀림에 빠져 쉬지 않고 그만, 너무 많이 따 버렸나 보다. 보따리가 무거워 신작로까지 도저히 나를 수 없어 염치없이 주인집으로 손수레를 빌리러 갔다.

우리집과는 너무도 대조적이었다. 가축 우리와 헛간, 거름더미, 돌아다니는 가축들이 내질러 싸놓은 똥으로 어수선한 여느 집과는 달리 깨끗하게 정돈되어 있었다. 서늘한 기운이 돌던 대문하며, 정갈하게 정리된 마당, 한쪽에 우뚝 솟은 사일로가 인상

적이었다. 머리를 쪽진 할머니가 나와서 무슨 일이냐고 묻더니 머리 새하얀 할아버지가 조심히 쓰라며 손수레를 내주었다. 그것으로 우리 집은 한시름 놓았고 누에는 고치를 잘 맺어 한 달간의 고생이 헛되지 않았다.

그렇게 이어질 인연이었나 보다. 오랜 세월이 지난 뒤 결혼하려고 시조부모 댁에 인사를 하러 갔다. 그런데 어렴풋하게 기억나는 바로 그 집이 아닌가. 세상에 까맣게 잊고 있던 옛날 한 조각이 봉긋이 솟아올랐다. 집은 예전 그대로였다. 그때 봤던 할머니 할아버지는 내 시할머니 시할아버지로 명칭만 바뀌었을 뿐이다. 그리고 귀한 외동 손자며느리라며 잠시 빌려주는 것이 아닌 내리사랑을 듬뿍 주었다. 몇 년 후에 순천에서 직장 생활을 마친 시부모는 시골로 귀향해서 옛날 건물을 허물고 새 집을 지었다. 그래서 헛간 딸린 대문이랑 사일로, 펌프 우물이 사라졌고 뽕잎을 땄던 밭은 이제 시조부모의 산소가 되었다.

어떻게 해서 끈이 연결된 걸까? 그 시작이었던 누에 치던 때를 떠올리면 절로 미소가 피어오른다. 인연은 서리처럼 겨울 담장을 조용히 넘어오기에 한겨울에도 마음의 문을 활짝 열어 놓아야 한다고 했던 김현태 시인의 시구절이 떠오른다.

밀알 하나가

지난봄은 코로나바이러스와 함께 왔다. 그것은 전염성이 강해서 사람 사이를 멀어지게 했다. 꽃은 외롭게 피었다 지며 한세월을 보냈고, 사람들은 평생 겪어 보지 못한 팬데믹에 평범한 일상생활을 멈춰야 했다. 하지만 이런 어려운 시기에 떠오르는 인물이 탄생했다. 코로나로 대혼란을 겪는 동안 대한민국은 전염병 예방에 온 힘을 기울였고 그 중심에는 날마다 방역 브리핑을 하던 여성이 있었다. 바로 정은경 질병관리청장이다.

그는 잠시 눈을 붙이는 한두 시간을 제외하고는 항상 긴급 상황실을 지켰다고 한다. 그리고 확진자 현황 집계를 살피고 언론 브리핑을 준비하고 각종 화상 회의에 참석하느라 시간이 늘 부족하여 식사도 제대로 하지 못했다는 기사도 있었다. 봄이 점점 야위고 머리카락이 하얘져 가는 모습을 지켜보며 진심으로 그분을 걱정했고 질병 방역에 최선을 다하는 데 감동했다. 머리 감는 시간을 아끼려고 뒷머리까지 짧게 자른 것을 보고 세계는 그의 성실함을 높이 평가했고 방역 활동에 활발하게 대처한 능력으로 영국 국영방송(BBC)에서는 2020년 '올해의 여성 100인'으로 선정하기도 했다.

그렇게 한창 매스컴을 장식하는 아름다운 인물에 주목할 즈음 친구에게서 전화가 왔다. 만나 본 지가 수십 년이 지나 이제는 얼굴조차 가물가물한 친구였다. 그런데 뜬금없이 "정은경 질병본부장이 너를 닮았드라."라고 했다. 그 한마디로 잠자고 있던 오래된 기억들이 주마등처럼 스쳐갔다. 가무잡잡하고 짧은 커트 머리를 한 순진했던 시절이 떠올라 볼이 빨개졌다. '난 그분의 발을 닦아 드릴 자격도 없어.'라며 통화를 끝냈지만, 어디선가 떨어진 밀알로 이어져 온 인연을 생각하게 했다. 잊지 않고 전화해 준 일로 평범했던 날에 반짝 빛이 났다.

여고 시절, 마음이 맞는 친구끼리 만든 그룹이 있었는데 이름이 밀알이었다. 어른들을 흉내 내 회원 자격이나 회비 사용 방법 등을 적은 회칙도 만들었다. '회원 중 한 사람이 남을 때까지 영원히 우정을 지키며 부모가 돌아가시면 쌀 다섯 섬에 해당하는 부조금을 지급한다.'라는 내용이 있었다. 세상을 잘 알지 못했지만 언젠가 어른이 되면 세상일을 이롭게 하는 데 작게나마 밑거름이 되겠다는 의지를 마음에 담아 두었다. 한 알의 밀알로써 함께 열심히 공부했고 꿈을 키워 나갔었다.

'밀알 하나가 땅에 떨어져 죽지 않으면 한 알 그대로 남고, 죽으면 많은 열매를 맺는다'는 성경 구절이 있다. 코로나 시대에도 어디선가는 땅에 떨어져 납작 엎드리듯 조용히 때가 오기를 기다린 많은 밀알들이 있었다.

세월

•
•
•

"우리 성 덕에 맛있게 묵네잉."

"목욕하고 난께 좋네."

바닷가 횟집에서 뽀글뽀글 파마머리를 한 이모들이 말한다. 해수탕에서 목욕을 마치고 머리를 미처 다 말리지 못하고 나온 모양이 서로 꼭 닮은꼴이다. 머리 모양뿐만 아니라 웃을 때 벌어지는 입술이나 목소리와 말투도 닮았다. 네 자매의 너무나 친근한 모습을 바라보노라니 미소가 절로 번졌다. 엄마 팔순 기념으로 형제분들을 초대해 율포 바닷가에서 하룻밤을 보냈다.

외할머니가 돌아가시자, 엄마 형제는 맏이인 엄마를 의지하며 어머니 대하듯 지극하게 정성을 다했다. 건강이 좋지 않은 엄마에게 건강식품이나 의료 기구를 사 오고 집안 행사가 있으면 일부러 먼 데서 모시러 오곤 했다. 정 깊은 목소리로 안부를 물어오던 이모와 외숙들도 이젠 나이가 들어 거동이 불편해 보인다. 그래서 몸이 더 힘들어지기 전에 팔순 기념 핑계로 모임을 추진하게 된 것이다. 유별나게 우애가 좋은 분들이라 함께 있는 것만으로도 행복해했다. 어린 시절 함께 놀던 일, 외가댁 친척 이야기, 외할머니가 남기고 간 추억을 들으며 재미있게 놀았다.

엄마가 딸 여섯을 줄줄이 낳고 일곱째를 출산할 때였다고 한다. 해산날이 지났는데도 소식이 없자 가슴이 바짝바짝 탄 외할머니가 무작정 걸음을 했는데 오다 보니 어느새 마을 어귀더란다. 마을 아주머니를 만나 득남 소식을 듣고야 외가로 돌아갔다고 했다. 외할머니는 엄마가 아기를 낳을 때마다 얼마나 조마조마하게 지켜보았을까? 다행히 일곱째, 여덟째는 아들이었으니 내놓고 춤이라도 덩실덩실 추고 싶었을 게다. 딸 많은 집 할머니 심기를 건드릴까 봐 방학이면 한두 명은 외가에 머물렀다. 재를 하나 넘으면 설산 안골에 있었다. 우린 자주 산을 넘어서 외가에 갔다. 언니와 또는 동생, 아니면 함께 심심찮게 들락거렸다. 외할머니가 짜 놓은 옷감이나 식량이 필요할 때도 가지러 갔다. 버스를 타고 가도 꽤 걸어 들어가야 해서 우린 아예 걸어서 다녔다. 지금 생각해 보면 엄마 형제가 일곱이나 되었는데 어떻게 우리까지 다 돌보았던 걸까 싶다. 외할머니는 늘 가까이서 사랑을 나눠 주고 다독이며 품어 주었던 든든한 후원자였다.

엄마는 밤새 명주실 풀 듯 줄줄 옛날이야기를 들려주었다. 일제강점기부터 지금까지 질곡 많은 평범한 사람들의 역사를 끊어질 듯 이어지고 이어질 듯 끊어지며 굽이굽이 풀어냈다. 넓은 견문이나 지식 없이 그저 일상에서 일어나는 조금 특별한 이야기인데도 들으면 맛깔스럽게 귀에 와닿았다. 이모와 외숙들은 엄마의 기억력에 혀를 내두르며 '살아있는 역사책'이라고 했다. 어떤 이야기는 까맣게 잊고 있었던 일을 새록새록 떠오르게 해 주었다. 때로는 따뜻하고, 때로는 가슴 아픈 이야기가 밤새 잠과 함께 엎치락뒤치락했다. 그 시절 온 힘을 다해 살았던 사람들을 이젠 누가 있어 그들의 이야기를 들려주게 될까?

아침을 먹고 다른 곳으로 이동하려고 주차장으로 향했다. 차를 기다리는 동안 엄마와 큰이모가 길가에 앉아 있었다. 구부러진 등은 회색빛 바다를 배경으로 서 있는 오래된 소나무를 닮았다. 영락 없이 외할머니 뒷모습이다. 우리도 엄마를 닮아가며 세월은 흘러갈 것이다.

삶이 선물인

학기가 끝나가는 어느 날, 그 아이의 부모가 보내 준 선물을 받았다. 모나지 않고 너무 둥글지도 않으며 자연 빛깔을 닮은 달걀한 꾸러미였다. 그것에서는 오래된 어린 시절의 시골 추억 냄새가 났다. 보내 준 사람의 향기가 났다.

그 아이, 환이는 아주 외진 곳에서 살았다. 산으로 둘러싸여 하늘만 동그랗게 뚫려 있는, 마치 하늘 아래 첫 동네 같은 곳이었다. 그의 부모는 아직도 무공해 농사를 지으며 그곳에 살고 있다. 환이는 누나나 형이 작아서 물려준 옷이며 신발을 신는다. 큰 옷은 큰 대로 작은 옷은 작은 대로 입었다. 삼 남매는 학원에 다니거나 유행하는 장난감을 가지지도 않았다. 그저 학교 교육이 끝나고 집에 돌아가면 닭 모이를 주고 다람쥐를 기르며 강아

지와 놀면서 시간을 보냈다.

그 아이가 입학하여 우리 반이 되었을 때, 나는 너무 긴장한 나머지 며칠을 앓았었다. 유난히 맑고 반짝거리는 그 아이의 눈동자에는 해바라기처럼 늘 내가 있었기 때문이다. 들려주는 이야기 하나, 동작 하나까지 스펀지처럼 빨아들였다. 내가 하는 틀린 말조차도 진실로 믿던 순수함은 하얀 눈 위에 발자국을 남기는 긴장과 설렘을 동시에 주었다. 학교 오는 길에 들꽃을 한 아름 꺾어다 줄 줄 아는 환이는 선생님의 칭찬 한마디에도 귀밑이 빨개지곤 했다. 서산에 해가 떨어질 무렵이 되어야 데리러 오는 아빠를 기다리는 동안 나는 그 아이와 참 많은 시간을 보냈다.

환이의 부모가 도시 생활을 그만두고 두메산골을 찾아 살게 된 것은, 점점 오염되어 가는 세상이 좋아지길 막연하게 기다리기보다 작은 힘이나마 직접 실천해 보자는 생각에서였다고 한다. 농사일이 어려워 농부들조차 농촌을 떠나가는 현실에서 어려운 유기농을 시작하는 일은 정말 힘들었을 것이다. 농약을 하지 않으니 곡식을 수확할 때까지 일일이 벌레를 잡아야 하고 한 번이라도 메뚜기 떼가 지나가면 그해 농사는 망치게 된단다. 그럼에도 먹을거리 자체가 곧 생명이요, 무공해 농사야말로 땅을 살리는 일이란 믿음을 여태 지켜 오고 있다.

환이의 부모가 바빠서 아이들을 데리러 올 수 없던 날, 승용차로 산모퉁이를 몇 굽이 돌아 마을 어귀까지 데려다준 적이 있다. 좁은 들길에서 가방을 달랑거리며 달려가던 삼 형제가 내게는 지금도 한 폭의 그림으로 남아 있다. 멀리 회색빛 집이 보이고 부드러운 바람이 쓰다듬고 지나가는 곳으로 아이들이 조금씩 멀어져 갔다. 아마도 마구간을 치우고 있을 부모는 하루의 고된 노동을 웃음으로 접으며 허리를 펴고 아이들을 맞으리라. 나는 그 들길이 끝나는 곳을 바라보며 시큰거리는 마음을 달래며 서 있었다. 언젠가 다 닳아 앞부리가 해진 운동화를 신고 다니던 아이가 "엄마가 달걀을 팔면 신발을 사 주신댔어요."라고 아무렇지 않게 하던 말이 떠올랐다. 환이의 부모가 보내 준 달걀은 그런 것이었다. 진정한 삶에서 우러나오는 마음까지 얹힌 정말 귀한 선물이었다.

경이로워라

•
•
•

매화꽃이 피었다는 소식이 여기저기서 들려온다. 두 달 넘게 비 한 방울 내리지 않았는데 꽃을 피울 여력이 있다니 신기하다. 이맘때가 되면 교육계는 인사 발령으로 술렁거린다. 2월은 떠날 사람 떠나고 남을 사람 남는, 이별과 새로운 만남이 교차하는 계절이다. 나도 발령이 났다. 늘 겪는 일인데도 정이 듬뿍 든 교정이 촉촉하게 눈에 들어왔다. 교실 앞 비파나무꽃이 아직 그대로 붙어 있고 커다란 히말라야삼나무 위에서 까치가 변함없이 깍깍거리는데 떠나야 한단다. 교직 생활을 그만두려 했던 내 마음을 읽은 것일까. 짐을 차에 싣고 나오는데 동료 교사들이 오랫동안 손을 흔들어 주었다. 이젠 정년까지 가라고 응원해 주던 목소리가 계속 따라왔다.

아무리 경력이 오래되어도 여전히 적응하지 못한 것이 있다. 새 학교로 가서 부임 인사하는 것이다. 상당히 부담스럽다. 나이가 들어갈수록 낯선 시스템을 따라가기 힘들고 모든 게 뒤처지니 자신감도 떨어진다. 싱숭생숭하게 시작된 환절기는 몸살을 앓고서야 받아들일 수 있었다. 입에 가시가 돋아 밥맛을 잃었다. 새로 만날 아이들과 다가올 미래로 끊임없이 기대와 걱정이 왔다 갔다 하며 신열도 나는 듯싶었다. 코로나에 걸린 것이 아닌지 자주 자가 진단 키트 검사를 해 보았다. 이래선 안 되겠다 싶어 보약을 지었다. 특별히 아픈 데는 없지만, 약이 필요하다 하니 한의사가 오전용인지 오후용인지 물었다. 난 당연히 오전밖에 기운을 내지 못한다고 했다. 며칠 후 경옥고와 십전대보탕이 왔다. 그것을 받아드니 든든해졌다. 새로운 기분으로 전투태세를 가다듬는다. 몸만 건강하다면야 특별한 어려움이 아니라면 해내지 못할 일은 없을 것이다.

개학하기 전에 새로 맡은 교실에서 일주일을 보냈다. 올해는 스무 명의 1학년 아이들 담임이 되었다. 오래전에 신입생 꼬맹이들을 지도해 봤지만 까마득하게 다 잊어버렸다. 아이들을 어떻게 다뤄야 하는지 그림이 잘 그려지지 않았다. 더구나 작은 학교에서 근무했던 탓에 여러 가지 면에서 상당히 버거웠다. 뒤죽박죽 엉클어진 학습 자료를 정리하고 책걸상 낙서를 지우고 사물함을 깨끗이 닦느라 하루가 걸렸다. 새 학기가 아니면 치울 엄두를 내지 못한 채 1년을 보내 버리기 때문에 큰맘 먹고 학년 자료실을 치우는 데도 또 하루가 걸렸다. 더 좋은 물건이 넘쳐나는 시대라 오래 묵은 것일수록 더 깊숙이 뒤쪽으로 밀어 넣는다. 시원하게 내다 버리고 싶은 마음이 굴뚝 같았지만, 한 학기를 살아 보고 나서 결정하기로 했다. 다음으로 교실 컴퓨터와 수업 기기들을 살펴보고 프로그램을 익히느라 또 하루를 보냈다. 산속에 있는 학교라서 금방 해거름이 찾아왔지만, 일손이 느리고 버벅거려 어둑해져서야 퇴근할 수 있었다.

나머지 이틀은 입학식을 준비하는 데에 보냈다. 작년처럼 학부모 없이 교실에서 치르기로 했다. 축하 현수막을 걸고 풍선을 달아 교실을 예쁘게 꾸몄다. 아이들에게 선물할 화분과 사탕 목걸이도 준비했다. 목에 걸 이름표와 책상용 명패도 만들었다. 그런 일을 하다 보니 아이들 이름이 저절로 외워졌다. 이것저것 준비하면서 아이 한 명 한 명을 상상으로 만나 보았다. 어떤 아이일까 마음속에 그려보는 동안 마치 짝사랑하는 기분이 들었다.

드디어 입학식 날이 되었다. 6학년이 교문에서부터 신입생을 호위해서 교실로 데려다 주었다. 안내 받은 아이들이 쭈뼛쭈뼛 들어와 말없이 자신의 이름을 찾아 자리에 앉았다. 그리고는 눈을 반짝거리며 나를 지켜보았다. 평소라면 돌아다니며 물어보고 장난쳤을 텐데 아주 조용히 말똥말똥 일거수일투족을 탐색하고 있었다. 잔뜩 호기심을 품은 채 마스크 위로 까맣게 빛나는 눈이 하늘에 콕 박힌 별 같았다. 한 사람 한 사람 불러내어 이름표를 걸어 주고 입학을 축하한다고 말해 주었다. 작지만 감사하다는 말이 앙증맞게 들려왔다.

그렇게 아이들을 만났다. 학교를 그만두었더라면, 옮기지 않았더라면 영영 만나지 못했을 소중한 인연이 맺어진 것이다.

연하장이 왔네

•
•
•

어린이날이 다가온다. 마트에 가서 반 아이들에게 줄 선물을 고르느라 여기저기 기웃거리며 돌아다녔다. 무얼 해야 선물답고 모두가 좋아할지 고민되어 이것도 들춰 보고 저것도 들춰 본다. 가성비 좋은 것까지 따지다 보니 결정하기가 매우 힘들었다.

남매를 데리고 온 아버지가 커다란 장난감을 두고 거래를 하는 게 보였다. '이거 사서 둘이 함께 사이좋게 가지고 놀래, 아니면 저거 사서 각자 가지고 놀래?' 누나는 예닐곱 살로 보이고 카트에 탄 둘째는 네댓 살로 보인다. 커다란 장난감은 조립하면 자동차로 변신하는 거였다. 아마도 비싼 것일 게다. 큰아이가 손가락을 입에 물고 질겅질겅 씹으며 한참 망설이고 있었다. 어린 소녀는 동생과 사이좋게 가지고 놀아야 한다는 것이 학습되었을 것이다. 아빠가 원하는 대로 고개를 끄덕거리면 될 일이지만 엄마 아빠의 사랑을 동생에게 빼앗겨 본 아이로서는 선물을 함께 나누는 일이 불편하게 느껴졌을 것이다. 자신만의 장난감, 아무래도 여자아이니까 인형같이 예쁘고 사랑스러운 선물을 기대했을 터였다. 말 못하고 갈등하는 마음이 읽히자 아이가 짠했다. 그리고 한 아이가 떠올랐다. 4학년이 되었을 텐데 잘 지내고 있는지 궁금해졌다.

새 학기가 시작된 지 한 달쯤 되어갈 때 서툰 한국어로 내 이름이 쓰인 편지를 받았다. 그것은 크리스마스와 새해를 축하하는 카드였다. 전 근무지에서 반송되어 돌아 돌아서 거의 석 달 만에 내게로 왔다. 주소는 미국 캘리포니아 사이프레스였다. 지난 겨울방학에 은근히 기다렸던 바로 그 아이 대신 편지가 왔다. 1학년 꼬맹이들 가르치느라 소진되어 가던 약골에 불끈 힘이 솟았다. 생각지도 못한 일이었는데 정말 기뻤다. 카드 앞면에는 커다란 별, 반짝이는 구슬이 일곱 개 박혀 있는 크리스마스트리 그림이 있었다. 언뜻 보기에 직접 만든 것처럼 촌스러웠다. 근하신년이란 뜻을 가진 인쇄된 영어가 아니었다면 직접 만든 카드일 거란 착각을 했을 것이다. 옛날에는 흔하던 연하장이지만 최근에는 받아본 적 없는 귀한 거였다. 그 안에는 정성 들여 쓴 글씨가 보였다. 지난여름에 잘 가르쳐 주셔서 감사하고, 중간 놀이 시간마다 피구를 하게 해 주셔서 좋았노라고 쓰여 있었다. 가슴이 찡했다. 글자 하나하나가 꼭 그 아이를 닮았기 때문이다. 촌스러운 듯 세련되고 어리숙한 듯 진지해 보이던 딱 그 애였다.

여름이 다가올 무렵, 코로나 예방으로 2주간 자가 격리가 끝나는 대로 3학년에 청강생이 한 명 들어올 거라고 했다. 미국에서 사는 교포로 여름 방학을 맞아 외갓집에 왔다는 것이다. 새로운 아이를 기다리는 일은 묘하게 떨렸다. 한국말을 못 알아들을까 봐 걱정되기도 하고 가르침이 통하지 않을까 봐 조바심이 생겼다. 그 아이는 후줄근해 보이는 티셔츠와 빛바랜 반바지를 입고 나타났다. 첫 만남인데 전혀 개의치 않았다. 훌쭉한 다리에 신발은 새하얗고 앙증맞은 끈이 달린 실내화를 신었다. 새로 산 모양이었다. 교실로 들어서며 90도로 고개를 숙여서 인사를 했다. 웃음이 절로 나왔다. 손을 들어 '하이'라고 인사할 줄 알았는데 부모에게 제대로 배운 모양이다. "안녕하세요? 고이언입니다. 미국에서는 고이엔이언이라고 부릅니다." 함께 지내는 내내 그 아이만큼 인사를 잘하는 사람은 없었다. 말도 똑똑했다. 걱정은 기우였다.

당시에 우리 반은 남학생 일곱 명에 여학생이 한 명 있었다. 그 여학생은 짓궂은 남학생 틈바구니에서 잘 견뎌내긴 했지만, 여학생이 한 명이라도 전학해 오는 것이 소원이었다. 기도가 통했는지 삼 년이 되어 가는 즈음에 천사 같은 아이가 나타난 것이다. 모든 면에서 앞서지도 뒤처지지도 않은 채 묘하게 중심을 잡아주는 역할을 하며 반 아이들을 더 진하게 이어 주었다. 친구들이 장난삼아 콕콕 찌르면 "네가 가시인 줄 알겠어."라고 했다. 등에 올라타고 발을 걸어 넘어뜨리려고 할 때도 "난 그렇게 강하지 않아."라며 슬쩍 넘어가 주었다. 장마철이라 놀 곳이 교실밖에 없어 앉은뱅이 피구를 하려면 바닥 먼지를 닦아내야 한다. 엄마가 아이 낳은지 얼마 안 되어 두 어린 남동생 뒤치다꺼리를 해내고 있던 우리 반 유일한 공주를 따라 걸레질까지 야무지게 했다. 발로 슬슬 밀고 다니던 남학생들도 어느새 깨끗하게 교실을 청소했다.

똑똑하지만 모나지 않고 한없이 퍼주는 것 같은데 절제하는 능력이 어디서 오는지 궁금했다. 다섯 살에 미국으로 건너가 완전히 다른 생활에 적응하기도 힘들었을 텐데 예쁘게 잘 자란 아이를 보니 가슴이 뭉클했다. 그 아이가 있는 동안 학급 운영은 수월했다. 마음이 편안하니 아이들에게 한껏 여유를 부릴 수 있었다.

연하장을 다시 꺼내 본다. 자신은 잘 지내고 있으니 선생님도 건강히 지내시라고 끝맺은 인사말이 눈에 크게 들어온다. 나도 답장을 보내야겠다. '나는 잘 있으니 너도 잘 지내렴.'

한국에 사는 일본 여자

●
●
●

근무하는 학교에 한국 남자와 결혼해서 사는 일본 여자가 다녀갔더랬습니다. 아이를 병설 유치원에 맡기기 위해서였지요. 언뜻 봐서는 남자가 볼품없었어요. 말을 내뱉듯이 툭툭 던지고 눈이 찌그러져 있었기 때문이에요. 반면에 여자는 교양 있어 보였지요. 아이를 지극히 사랑하고 있었어요. 서툰 우리말로 교육과정과 학교생활에 관한 여러 가지를 묻더군요. 그런데 있죠? 남자가 자꾸 여자를 윽박지르는 거예요. 별걸 다 묻는다는 둥, 얼른 가자는 둥. 여자를 대하는 태도가 고와 보이지 않았어요. 돌아가는 여자의 뒷모습이 마음 한구석을 아프게 하더군요. 왠지 알아요? 고향에 살았던 '한국에 사는 일본 여자' 때문이었어요.

그 여자는 스물일곱에 일본 백화점에서 근무하다 통일교에서 맺어준 짝을 찾아 그곳으로 왔지요. 남자는 어릴 때 지나치게 조동으로 자라 생활 능력이 떨어졌나 봐요. 심성도 곱고 공부도 잘했는데 백수인 채 이미 나이 마흔을 바라보고 있었죠. 세상에 도전할 힘을 잃어버린 종이호랑이 같았어요. 본인은 아무 생각이 없는데 어머니에 이끌려 억지로 결혼했던 것 같아요.

첫 신방을 꾸몄을 때는 희망이 있어 보이더군요. 새로 도배해서 방안이 환했고 아기자기한 예쁜 물건도 있었고요, 어여쁜 결혼사진도 걸려 있었으니까요. 그런데 남자가 바라는 건 오로지 아기뿐인 것 같더라고요. 그리고 지나가는 말로 '북어와 여자는 두들겨 패야 부드러워진다'라는 섬뜩한 말을 하기도 했어요. 대화가 통하지 않아 이상에 맞지 않았겠지요. 아직도 대를 이을 아들을 바라는 오래된 관습으로 한 치 앞도 못 보는 어두운 유교적 사고를 어떻게 해야 할까요? 평범했지만 평등한 대우를 받으며 일본의 도시에서 편리하게 생활해 온 그 여자가 너무나 누추한 시골 농가에서 무얼 할 수 있었겠어요? 싫은 소리를 들어가며 그래도 그 여자는 나물을 무치느라 애쓰기도 하고, 호미를 들고 풀을 매기도 하더군요.

그런데 몇 년의 세월이 흘러도 아기는 생기지 않았어요. 그동안 여자는 자궁을 들어내는 수술을 했고요, 삼대독자인 그 남자는 술만 마시다 병원에서 몇 달간 치료를 받고 집에 돌아왔지만 결국 죽고 말았어요. 나와는 가까운 일가였는데 말이지요. 무엇이 그렇게 남자를 힘들게 했을까요? 사회 관습 때문이었을까요? 아니면 사회 제도 때문이었을까요? 개인의 문제라고 하기엔 가슴에 맺히는 그 무언가가 있었습니다. 한 남자의 인생이, 더 이상 대를 이을 후손도 없이 홀어머니와 부칠 곳 없는 일본 여자만 남겨두고 그렇게 덧없이 스러져 가다니 말입니다.

요번 설에 집에 갔더니 그 여자가 떠났다고 하더군요. 교회 목사를 따라 어딘가로 갔다고 하는데 본국으로는 돌아갈 수 없대요. 난 그 여자가 어디서든 잘 살았으면 좋겠어요. 한때는 우리 집안 사람이었고 대화는 없었지만 만나면 늘 눈인사를 주고받았던 인연인데 말이지요. 한국에 뿌리내리려고 노력했던 가련한 사람. 다시 좋은 사람 만나 알콩달콩 행복하게 살았으면 좋겠어요. 다소곳이 치마저고리 입고 큰절을 올렸던 새색시, 나물 무치고 콩밭 매던 단정한 그 여자, 당연히 행복해질 권리가 있지 않겠어요?

달맞이꽃을 보러

•
•
•

절에 막 도착하니 저녁 공양 시간이었다. 새롭고 정갈한 절 음식을 맛있게 먹고 설거지를 하려고 돌아서는데 바로 그 스님과 딱 마주쳤다. 그것이 인연이 아닌가 싶었다. 많은 스님 중에서 어떤 사람이 내 동창일지 조심스럽게 훔쳐보는 것이 민망했을 텐데 다행이었다.

막 여름으로 접어든 햇빛은 저녁 시간에도 오래도록 산사에 남아 여유로움을 주었다. 친하게 지내던 친구는 아니었지만, 왠지 그가 어떻게 사나 늘 궁금하게 여겨 오던 참에 소식을 듣게 되었다. 초등학교를 졸업한 후로 한 번도 본 적이 없으니 거의 삼십 년의 세월이 흘렀을까? 고즈넉한 절에서 그와 대면할 생각에 가슴이 두근거리기 시작했다. 온 천지가 푸르게 빛나는데 내 마음만 붉어지는 것 같았다. 그가 출가했다는 소식을 들었을 때부터 볼 수 있을 것인지 막연하게 기다려 왔는데 다행히 송광사 불자인 시누이와 동행했기 때문에 자연스럽게 만나러 갈 수 있었다.

그가 먼저 깊숙이 합장하기에 우리도 덩달아 손을 모았다. 첫 인사는 그것이 다였다. 호들갑을 떨 것도 없었다. 지긋이 한눈에 세월을 알아보는 그것이 인사 방식이었으리라. 그는 속세 이름을 그대로 부르고 싶을 만큼 변함없는 얼굴이었다. 옛날의 짓궂었던 모습까지 그대로 남아 있는 듯했다. 그때도 까까머리였으니 변한 게 있다면 승복을 입었고 법랍만큼이나 연륜이 깊어졌다고 해야 하나? 그의 얼굴이 환해서 안심되었다. 그동안 갈고 닦은 불심을 보는 듯해서 세속 이름을 부르고 싶었던 마음이 숙연하게 가라앉았다.

저녁 공양이 끝나니 예불을 올렸다. 법고를 두드리는 힘찬 손놀림을 시작으로 스님들의 장엄한 예불 소리가 조용한 산속의 기운을 깨치고 산세 따라 너울거렸다. 하늘은 왜 그리도 맑고 별은 초롱거리는가. 엽렵한 스님들의 예불 소리는 세속의 모든 미련을 버리고 마음을 닦는 칼칼한 모습으로 비추어 보여 탄식이 절로 나왔다.

아무 치장도 없고 소지품도 없는 방안에는 차향만 가득했다. 어떻게 머리 깎을 생각을 했는지 물었다. 오지게 넓은 장삼 자락에 휘말려 출가했다는 그의 말에 그냥 웃기만 했다. 출가한 사연이야 얼마나 많으랴. 불교의 인연으로 말하면 전생에 깨끗하게 살아야만 승려가 되는 운으로 타고 난다는데 어렸을 때 상상이나 해 보았을까? 누가 가르치지 않았을 텐데 승려가 된 것을 보면 정말로 그런 운을 타고났는지 모르겠다.

산에서의 밤은 빠르게 깊어져 갔다. 스님의 여자 친구가 놀러 왔다고 자리를 같이해 준 다른 스님들이 처소로 돌아가고 우리도 문을 나섰다. 초여름의 후끈한 기운이 채 가시지 않은 댓돌을 내려서는데 잠시 아찔한 어지럼증이 일었다. 달맞이꽃 때문이었다. 주위를 품어 안을 듯한 풍성한 자태로 환하게 빛나는 꽃이 너무나 예쁘고 놀라웠다. 고즈넉한 송광사의 품 안에서 어둠을 밀어내고 피어 있는 소담스러운 달맞이꽃에 대책 없이 빠져들었다. 보는 사람도 없는데 더구나 여염집도 아닌 절에서 어쩌자고 달맞이꽃은 저리도 황홀한 황금빛으로 빛나는가?

뜻밖에 달맞이꽃이 피는 소리를 들어 본 적이 있냐고 물어왔다. 한 번도 피어나는 걸 본 적이 없으니 들었을 리 만무했다. 달맞이꽃은 필 때 꽃잎이 펑 터지는 소리가 난단다. 스님은 목석같은 존재인 줄만 알았던 내 생각에 웃음이 나왔다. 세속적인 것에 흔들리지 않을 뿐이지 아름다운 것은 누구의 눈에나 그렇게 비치리라. 어쩌면 달맞이꽃은 스님의 감추어진 모습인지도 모르겠다. 오로지 부처님의 계를 따르며 닮고자 남몰래 수행하는 불심이 보였다. 다음 주말에 달맞이꽃 피어나는 소리를 들으러 꼭 다시 가 보겠노라 다짐했다. 그러나 석 달이 지난 즈음에야 다시 찾을 수 있었다. 이미 달맞이꽃은 져서 볼 수 없었고 깨꼬투리 같은 씨앗이 다닥다닥 맺혀 있었다. 그 스님도 다른 곳으로 가 버리고 없었다.

한참 세월이 흘렀지만 아직도 달맞이꽃 피는 소리를 들어보지 못했다. 어둠 속에서 환하게 빛나던 그 달맞이꽃이 그립다.

너의 이름은

바람결에 향내가 실려 온다. 어디에서 왔을까? 아련한 추억 같기도 하고 상상 속의 먼 나라에서 날아온 향내인 것도 같다. 알 듯하다 멀어지고 다시 알 듯하다 멀어지는 그것은 대체 뭘까? 한밤중에 도착한 라오스 밤공기에서 언뜻 코끝을 스쳐간 그 향기로 내 마음은 이미 라오스에 사로잡히고 말았다.

다음날 아침, 호텔을 나서 비엔티안 시내를 걸었다. 라오스의 수도이지만 높은 건물이 없고 차량도 별로 없는 거리는 어디를 보아도 시야가 탁 트여 눈맛이 시원했다. 온누리에 퍼지는 환한 햇살이 낮은 건물을 고루 비추고 푸른 하늘을 머리에 이고서 자동차들은 천천히 소리 내지 않고 달렸다. 우리 곁을 스쳐 달려가는 툭툭이에는 올라탄 사람들의 밝은 얼굴도, 그들이 실은 소박한 물건까지도 훤히 보였다. 자연스럽게 사람 위주로 흘러가는 거리 풍경이었다. 우리에게는 익숙한 법이나 규칙이 라오스에서는 사람을 옭아매는 아주 낯선 것인지 모르겠다. 그곳 사람들처럼 여유롭게 천천히 걷다 보니 따스한 바람이 폭 안긴다. 굳어 있던 몸이 금세 사그락사그락 녹아드는 소리가 난다.

대부분 가고자 하는 곳은 걸어갈 수 있는 동선에 있었다. 바람을 타고 시냇물이 흐르듯 그렇게 살랑살랑 길을 따라 걸었다. 마침 왓씨사켓 팻말이 보여 사원 쪽으로 발길을 막 돌리려는데 문득 하얀 꽃이 발 등으로 툭 떨어졌다. 순간 어떤 메시지가 전광석화처럼 스쳐가는 듯했다. 그 꽃은 그대로 환한 빛이었다. 마치 전생의 인연인 듯 찰나에 그렇게 만났다. 얼마나 많은 세월이 흐른 것일까. 심장이 쿵 내려앉는 것 같았다. 아무도 흉내낼 수 없는 유려한 다섯 장의 새하얀 꽃잎이 한데 모아져 오묘하게 봉우리를 이루고 그 안으로 햇살이 쏟아지듯 노란빛이 퍼져 나갔다. 높은 나뭇가지에서 떨어지면서도 흐트러짐 없이 정갈한 모양을 그대로 유지하다니 놀랍기만 했다. 해맑게 미소를 보내오는 그 얼굴을 마주한 순간 드디어 알았다. 지난밤 향내의 주인공이 바로 그 꽃이었다는 것을.

뭔가 이어질 듯하다가 끊기고 다시 이어질 듯하다가 끊기는 느낌은 여전했다. 어디서 봤을까. 무슨 꽃일까. '너의 이름은…….

너의 이름은…….' 한참을 들여다보고 또 들여다보며 그 꽃 어딘가에 쓰여 있을 것만 같은 이름을 찾아보려고 애를 썼다. 여행을 떠나기 전에 보았던 영화에서처럼 그 꽃은 나를 라오스로 이끈 끈처럼 느껴졌다. 기억할 수 없는 오랜 옛날에 누군가에게 뭔가를 전달하려 했던 적이 분명히 있었을 것 같은 감정으로 꽤 오랜 시간 서 있었다. 꽃 이름을 알지 못해 애타는 심정보다 더 간절했을 그 어떤 기억을 더듬으며 길 가는 사람을 붙들어 겨우 이름을 알아냈다. 그 이름은 라오스의 국화 '참파'였다. 그 이름을 듣는 순간 눈물 방울이 꽃잎 위로 떨어지는 줄 알았다. 소녀였을 때 타고르의 시를 읽고 영혼에 단비가 쏟아지는 것을 느꼈던 기억이 떠올랐기 때문이다. 그때까지는 어느 순간에 메말라 버린 영혼으로 아무 감흥 없이 세상을 살고 있다는 사실을 알지 못했다. 참파꽃을 만나고서야 정신없이 보낸 세월 속에서 순수한 영혼도, 타고르의 시도 잊어버리고 살았다는 것을 깨달았다. 보잘것없는 중년이 된 지금 그의 시가 통째로 다시 내 가슴에 들어왔다. 전율하듯 기억이 살아났다.

참 묘하다. 꽃 한 송이로 시공을 초월해서 타고르를 만나고 소녀였던 나도 만난다. 언뜻 스치는 그림자 속에도 그의 그림자는 숨어 있었고 산들바람에 춤을 추다 남모르게 전해오는 꽃향기에도 그의 향기는 남아 있었나 보다.

그 뒤로 흔하게 참파꽃을 볼 수 있었지만 내 가슴 속을 가득 채운 꽃은 그 한 송이었다. 강렬하게 남아 잊을 수 없는 그 이름, 참파. 어렴풋하게 남아 있던 기억을 살리며 비엔티안 거리에서 꽃을 붙들고 섰던 그 찰나, 나는 무엇이었을까?

사라진 내 보물

남편은 평소에 웹툰 보는 것을 좋아해 컴퓨터가 있는 서재를 사용한다. 그런 남편이 달갑지 않아 나는 책을 고르러 어쩌다 들어간다. 그런데 어느 날 책장 한 켠이 휑하니 비워진 걸 발견했다. 결혼해서 30년이 넘도록 간직해 오던 《창작과 비평》 한 질이 어디론가 사라져 버린 것이다. 그것은 창간호부터 계간지로 출판된 것을 통권으로 묶어 검은색 양장본으로 만들어진 것이었다. 발령을 받고 얼마 지나지 않아 처음으로 큰맘 먹고 봉급을 쪼개 월부로 샀던 내게는 소중한 물건이었다. 남편에게 물어보니 고서(古書)를 모으는 지인에게 줘 버렸다고 했다. 처음에는 농담하는 줄 알았다. '집 정리하느라 창고에 두거나 시골에 갖다 두었겠지. 가끔 엉뚱한 데가 있으니 그랬을 거야.'라며 찾아보는데 아무리

봐도 보이지 않았다. 한마디 상의도 하지 않고 고스란히 갖다 줘 버린 것에 너무 화나고 어이없어 소리를 질렀다.

"당장 가서 다시 찾아오세욧!"

요즘 학교는 철저하게 잡상인 출입을 막지만, 예전에는 방과 후가 되면 수시로 판매원이 드나들었다. 책은 물론이고 온갖 살림 용품, 건강용품, 보험, 카드 등으로 나처럼 만만한 사람을 달콤하게 꾀었다. 숫하기 짝이 없던 나는 귀가 얇아서 여러 가지 것을 샀다. 지금 생각해 보면 경제관념도 없었지만 그런 얘기를 해 주는 사람이 주변에 아무도 없어 남들도 다 나처럼 사는 줄만 알았다. 또래들이 재테크하는 동안 나는 쓰잘데 없는 것에 돈을 낭비하고 있었던 것이다. 그 중에 영어 회화 테이프와 의자는 두고두고 후회했고, 어떤 건강용품은 시부모님 드렸다가 흉거리가 되기도 했다. 그렇지만 《창작과 비평》은 좁은 자취방에서도 제자리를 잡았고 결혼해서 시댁에 살면서도 어엿하게 자리를 지켰으며 네 번의 이사에도 살아남았다. 왜냐하면 내 보물 1호로 어떠한 경우에도 보관하리라 마음먹었기 때문이다. 잘 펼쳐 보지는 않았지만 무엇보다 내 지적 호기심과 자존심을 지켜 주고 아이들 크고 나면 언젠가는 읽어 보리라 의욕을 불태우게 해 주었다. 게다가 있는 것만으로도 작가들의 형형하게 빛나는 정신이 나를 깨어있게 할 것 같았다.

책이 꽂혀 있던 텅 빈 자리를 볼 때마다 남편이 미웠다. 문학의 '문'자도 모르는 무식한 사람이라며 남편 등짝을 내리치기도 하고 빨리 되가져오라고 소리치기도 했다. 남편은 내 스매싱을 고스란히 받아 냈지만, 화가 풀리지는 않았다. 할 말이 없어 어물거리기만 하는 그 앞에서 내 잔소리는 사그라질 줄 몰랐다. 그러다가 너무나 지겨웠는지 아니면 내 상심을 이해했는지 되찾아오겠다고 했다. 그제야 화가 가라앉았다. 그 책을 찾아오면 정말 열심히 읽어야겠다 마음먹었다. 하지만 나와의 인연은 거기까지였나 보다. 언제쯤 찾아오겠다고 날을 잡아 두었는데 나쁜 소식이 들려왔다. 그 집에 불이 나서 겨우 사람만 빠져나왔다는 것이다. 기계 부품을 파는 곳이었는데 누진이 되었는지 한밤중이라 아무것도 건지지 못하고 고서를 모아 둔 창고까지 깡그리 타버렸다고 한다. 며칠 지나서 가 보았더니 아직도 냄새가 지독하게 남아 있었다. 하루아침에 보금자리를 잃어버린 그 부부를 생각하니 오히려 마음이 아팠다. 그런 상황에서 책 같은 건 아무것도 아니었다. 다치지 않고 무사할 수 있어 얼마나 다행인지 안도의 숨을 내쉬었다. 이제는 불행을 딛고 새롭게 고친 가게에서 예전처럼 잘 지내고 있어 감사하다.

그런데 이번 대통령 선거전을 치를 때 도로 그 책이 생각났다. 그 출판사는 신군부를 거치며 폐간을 몇 번 당했지만, 어둠을 밝히는 횃불로 살아남았다는 것을 알기 때문이다. 한결같이 자리만 지키던 새까맣고 멋대가리 없던 그 속에 쓰였을 칼날 같은 글을 읽지 못했던 게 못내 아쉽다. 한 줌의 재로 사라져 버린 지금에야 읽어 보고 싶은 생각이 자꾸 난다는 것이 아이러니다. 다행히 몇 편 읽은 글은 기억에 남아있다. 그중에 〈분례기〉와 〈과녁〉은 묵직하고 굵은 터치로 강렬하게 뇌리에 새겨졌다. 그 시대의 애환과 사람 사는 이야기를 다시 읽어 보면 어떤 느낌일지 궁금하다.

공짜 새경

어느새 설이 다가왔다. 어린 시절에는 며칠 전부터 잔뜩 설레는 기분으로 손꼽아 기다렸건만 나이가 드니 예전의 흥이 사라져 버렸다. 그래도 명절이 가까워지니 어린 시절의 추억이 새록새록 떠오르고 그때 먹었던 맛있는 음식 냄새가 아련하게 코끝을 스쳐간다.

설 준비는 어느 집이나 비슷해서 그 시기가 되면 유독 굴뚝에 연기가 많이 피어올랐다. 마치 축제를 알리는 신호탄 같았다. 몽글몽글 피어나는 연기로 아이들의 코는 벌써 벌름거리기 시작한다. 더불어 웃음도 많아진다. 아궁이에 불을 지펴대고 방은 설설 끓어 후끈후끈해지면 그러잖아도 신이 나기 시작한 아이들의 겨우내 얼었던 볼이 뜨근뜨근해진 아랫목에서 빨개진다. 부뚜막 주변을 어정거리면 얻어먹을 것도 많고 나눠주는 어른들의 인심도 후해진다. 훌훌 불어가며 서서 들이키던 사골 국물, 달짝지근하게 떡을 찍어 먹던 조청 맛은 수십 년이 지난 지금도 잊을 수가 없다. 꿩 장국에 끓여내던 떡국, 뜨거운 방바닥에 말려 기름에 부풀린 산자, 떡메로 쳐서 손으로 모양을 빚어 만든 쑥떡은 추운 겨울을 그저 따뜻하게 녹여 주었다. 그때의 어른들처럼 삶고 찌고 볶고 지져내어 풍요로운 차례상을 차리고 싶은 유혹에 잠깐 빠져 본다. 점점 나이를 먹고 있나 보다.

떡국을 먹으려면 장국을 만드는 데 필요한 꿩부터 잡아야 했다. 꿩 사냥꾼이 사라진 다음부터 마을 사람들은 꿩을 잡기 위해 갖은 노력을 해야 했다. 예민해서 푸드덕 잘도 도망치는 꿩을 잡을 수가 없어서 급기야 사이나라는 독약을 사용했다. 아버지 말씀을 빌리자면 콩알에 묻혀 논두렁에 놓아두면 그걸 먹은 꿩이 비실거리다 픽 쓰러질 때 잡아 오면 된다고 했다. 얼마나 돌풍을 일으킨 것인지 아직도 그 이름이 잊히지 않는다. 그것은 무분별하고도 잔인한 방법이었기에 결국은 금지되어서 그 뒤로는 닭을 사용하게 되었다. '꿩 대신 닭'이란 말을 저절로 이해하게 되었다. 세배 오는 손님은 보통 정월대보름까지 이어져서 떡국 떡을 많이 준비해야 했다. 떡방앗간에서 뽑아 온 가래떡을 집에서 식힌 다음 굳으면 작두로 어슷어슷하게 썰었다. 큰 대바구니에 담아 바람이 잘 통하는 살강에 얹어 두고 설 동안 내내 떡국을 끓였다. 가래떡 써는 솜씨도 집집마다 달라서 친구들끼리 비교해 보는 재미도 있었다. 우리 아버지는 오종종하게 썰어 모양이 아담하고 예쁜 편이라며 자부심을 느끼곤 했다.

조청을 만드는 것도 꼭 필요한 일이었다. 엿기름물로 삭힌 쌀을 고느라 커다란 가마솥에 장작불을 지피면서 기다란 주걱으로 계속 저어 주어야 한다. 어느 정도 힘이 있어야 할 수 있는 일이라 언니들이 돌아가면서 수고를 했다. 방바닥이 뜨끈뜨끈해지면 어머니는 산자 만들 재료를 준비한다. 찹쌀을 삭혀서 쪄낸 다음 치대 놓으면 어떻게 해볼 도리 없을 정도로 손에 엉겨 붙는다. 어머니가 솜씨 좋게 살짝 물을 묻혀 가며 떼어내는 것을 구경하는 것만으로도 재미있었다. 그것을 녹말가루에 묻혀 네모나게 모양을 잡아 방바닥을 깨끗이 치우고 말리기 시작한다. 점점 쪼그라들어서 내 손바닥만 해지면 거둬들여 보관해두었다. 찹쌀 튀밥 만드는 일도 신기했다. 쌀을 센 불에 볶다 보면 하얀 꽃이 톡톡 피어난다. 그중에 색깔 좋은 것들만 골라 준비해 둔다. 일손이 복잡해서 나중에는 장에서 쌀 튀밥을 튀어와서 사용하게 되었지만 할머니가 돌아가시기 전까지는 옛 풍습을 그대로 이어갔다. 설 전에 마지막 단계로 화려한 변신을 하는 데 우리가 큰 몫을 해냈다. 어머니가 말려 둔 찹쌀 편을 기름에 튀기면 엄청나게 몸이 부풀어 오른다. 언니들은 고루 꿀을 바르고 나와 동생은 찹쌀 튀밥을 묻히는 일을 했다. 대바구니에 차곡차곡 넣어서 떡국과 마찬가지로 살강에 얹어 두었다. 어떤 손님이 와도 끄떡없는 준비가 된 것이다. 어머니는 그제야 허리를 쭈욱 폈다.

그믐날 아버지는 일꾼들에게 새경을 계산했다. 다음 해의 농사일까지 약속을 해두는 자리였다. 지금으로 치면 연봉을 협상하는 식이었나 보다. 당시만 해도 입을 줄여야 할 정도로 살림이 궁색한 집이 있어 머슴살이를 시키곤 했다. 평상시에는 한식구처럼 살다가 설이 돌아오면 새로 농사가 시작될 때까지 일꾼들은 각자 집에서 쉬었다. 어머니는 장만한 음식으로 가장 먼저 한 상 차려 대접했다. 그렇게 해서 마음에 걸리는 것 없이 설날을 맞이했다. 옛날 설 풍경을 되돌아보니 부모님에게서 두고두고 마르지 않는 새경을 공짜로 받아왔다는 사실을 새삼스럽게 느꼈다.

이것저것 설 쇨 준비를 하다 보니 어린 시절의 명절이 문득 그리웠다. 큰언니의 다녀가란 말도 있어 친정집에 들렀다. 대문을 열고 들어서니 아무도 없어 쓸쓸한 바람만 마당을 훑고 지나갔다. 모든 사물이 그저 묵묵히 자리를 지키고 있었다. 옛 물건이 많은 서늘한 고방으로 들어가 보았다. 명절에 쓸 음식을 넣어 두던 대바구니랑 제기를 보관했던 나무 상자 등이 오랜 세월을 이고 그대로 얹혀 있었다. 그 아래 언니가 가래떡을 만들어 각각 이름을 붙여 봉지에 담아 둔 게 보였다. 설날 성묘하러 오는 피붙이에게 주려고 준비해 둔 모양이었다. 끝없이 공짜로 받기만 한 새경을 언제 갚을 수 있을지 모르겠다.

잊읍시다

•
•
•

어떤 일에는 망각이 축복일 때가 있다. 내 작은 새가슴은 더욱 그렇다. 잊어버리지 않는다면 걱정과 불안으로 살기 힘들 것이다. 조금씩 잊어버려야 세상을 살아낼 수 있다.

며칠 동안 꿈자리가 뒤숭숭했다. 물에 빠져 허우적거리기도 하고 깊은 동굴에서 헤매기도 했다. 물건이 자꾸 발에 걸리고 산더미같이 일은 쌓여 있는데 망연히 손놓고 있는 기분 좋지 않은 꿈을 꾸기도 했다. 그 때문에 매일 깊이 자지 못했다. 설핏 잠들었다가도 금방 깨버리니 잠은 부족하고 풀리지 않는 답답한 마음에 살이 쭉쭉 빠지는 것 같았다. 직장에서 받은 스트레스가 은연중에 꿈으로 나타나 괴롭히고 있다고 여겼다.

그날은 식목일 전날이었다. 퇴근길에 벚꽃이 만발한 걸 보고 그냥 집에 들어가기 아까웠다. 혼자서 자전거를 타고 벚꽃길 끝까지 다녀오니 날이 저물었다. 지나다니는 사람도, 붕붕거리는 벌도 없어 너무나 조용한 길을 달리려니 외로웠다. 그때 스치듯 친구 얼굴이 지나갔다. 한 달 전 요양원에서 지내던 아버지가 돌아가셨는데 멀기도 하고 새 학기를 맞아 정신없이 보내느라 조문도 못 하고 마음만 전했다. 이 좋은 봄날을 어떻게 지내는지 궁금해서 내일은 만나자고 해야겠다 생각하며 집에 돌아갔다. 그런데 자꾸 〈잊읍시다〉란 노래가 떠올랐다. 송창식의 노래를 말로가 재즈로 부른 노래다. 묵직하면서도 해탈하듯 가벼운, 악기로 치자면 콘트라베이스 같은 느낌이다. 그때는 〈벚꽃엔딩〉의 감상에 젖어 그 노래가 귓가에 맴돌았을 거라 생각했다.

아침이면 스마트폰을 충전기에서 빼내며 메시지를 확인한다. 언뜻 부고 알림이 보였다. 친구 아버지 부고를 인제 확인했나 싶어 다시 한번 살펴보고 하늘이 무너지는 줄 알았다. 아들이었다. 지난 2월 말에 만났을 때 걱정 반 넋두리 반으로 서로 자식 얘기를 했다. 그 애는 심장이 좋지 않아서 코로나 예방 접종도 못 하고 집에만 콕 박혀 있다고 했다. 애틋하게 여기며 위로해 준 지 겨우 한 달 남짓밖에 되지 않았는데 그가 부모를 두고 먼저 하늘나라로 떠나 버린 것이다. 부고 메시지에는 췌장암에 코로나로 쓰여 있었다. 출근은 했지만 종일 친구가 어쩌고 있는지 안절부

절 견딜 수가 없었다.

청명한 오후 햇살이 긴 그림자를 드리우기 시작하는데 벚꽃이 바람에 우수수 날렸다. 저리 푸르른 날에 꽃잎이 진다. 조문을 가는데 발걸음이 떨어지지 않았다. 뭐라고 말해야 할지 아무것도 떠오르지 않았다. 그런데도 어서 가서 위로해 주어야 한다고 마음이 달려갔다. 장례식장에는 가족과 친척 몇 명만 있었다. 썰렁한 그곳에 작아져 버린 친구가 있었다. 내게 진즉 알리고 싶었는데 그럴 수 없었다고, 아들이 죽어가고 있다는 말이 차마 나오질 않았다고 말했다. 암 판정받은 지 한 달 만이라고 했다. '엄마, 먼저 가서 미안해요.'라는 말 한마디만 남기고 스르르 잠들듯 그렇게 떠나 버렸단다. '그랬구나, 그랬어. 그래서 꿈자리가 뒤숭숭했구나. 요 며칠 동안 친구는 꺼져가는 아들의 생명을 안타까이 부둥켜안고 있었구나.' 그 심정이 어땠으리라는 걸 생각하니 가슴이 미어터지는 것 같았다. 온 세상이 눈물주머니로 변해버린 것을 어떤 재주로 피할 수 있을까?

가톨릭 전례력으로 지금은 사순 시기다. 이때는 천국 문이 열려 있다고 한다. 친구 아들은 어린 시절에 세례를 받고 냉담하다가 죽음이 가까워지면서 다시 하느님을 마주하게 되었다. 성가롤로 호스피스 병동에서 열흘간 지내면서 신부님과 수녀님의 기도를 흠뻑 받았단다. 수녀님이 햇볕이 너무 좋다며 휠체어에

태우고 고개를 받치고 있을 때 임종을 맞이했다니 명복은 있다고…. 그 와중에도 서로 마주 보며 희미하게 웃었다. 성경에 예수님은 아이를 낳지 못하는 여자는 행복할 것이라고 축복하는 부분이 있다. '자식이 죽으면 산들에게 우리 위로 무너져 내리라 하고, 언덕에게 우리를 덮어 버리라고 할 것이다.'라고 했다. 얼마나 견디기 힘들면 묻혀 죽어 버리는 게 낫다고 했을까? 그러나 미켈란젤로는 자식을 먼저 하늘나라로 보낸 어머니의 마음을 위로하는 자비를 만들어 냈다. 바로 〈피에타〉를 조각한 것이다. 예수님의 주검을 무릎에 안고 있는 성모님의 얼굴은 기도하듯 오히려 평온하고 경건하다.

어느 날엔가 그때의 비통함을 흑백 사진처럼 꺼내어 추억할 수 있는 날이 올까? 세월이 약이라고는 하나 자식 잃은 슬픔은 죽을 때까지 치유되지 않을지 모른다. 그저 한시라도 고통을 잊을 수 있기를, '간밤에 꾸었던 슬픈 꿈처럼 아침 햇살에 어둠 가시듯' 조금은 잊을 수 있기를 바랄 뿐이다.

곁에 있어도 그리운

•
•
•

우리 부부는 별로 말을 나누지 않는 편입니다. 미운 감정이 있거나 상대방을 무시해서 그런 것이 아닙니다. 중매결혼해서 그냥 무난하게 지내왔기 때문일 것입니다. 평범하게 그때그때 상황에 맞춰 주변 사는 모양대로 살았습니다. 특별히 애쓰지 않았지요. 어떻게 살아야 결혼 생활이 행복할지 관심이 없었다는 게 가장 큰 이유였을 것입니다. 사실 다른 부부들이 종알종알 다정하게 이야기하는 걸 보면 가끔 부럽기는 하지만 크게 불편 없이 잘 지내왔습니다. 말하지 않아도 대부분 필요한 것들을 다 얻을 수 있었으니까요. 그런데 어쩌다 엠이(Marriage Encounter 줄임말) 주말부부 교육을 받은 뒤로 그동안 얼마나 서로 무심했던가를 알게 되었습니다.

우리는 말하지 않아도 그냥 잘 통하고 상대방을 잘 이해하고 있다고 생각했습니다. 그래서 말다툼 한번 없이 화목하게 지내는 부부라고 착각하고 있었지요. 그런데 엠이 강습을 다녀오고 다리 과정을 밟으면서 그동안 가졌던 환상은 무참히 깨지게 되었습니다. 프로그램 내용은 주로 배우자의 손을 잡고 사랑스러운 점을 말하는 것으로 시작합니다. 그리고 주제에 따라 편지를 쓰거나 대화를 나누는 것이었습니다. 그런데 우리는 서로 이야기를 나눌 때마다 공허해지거나 할 말이 없었습니다. 그런 활동은 우리가 지금껏 알맹이 없이 겉포장으로만 살아왔다는 걸 깨닫게 했지요. 한번도 가꾸어 본 적 없는 마음밭은 고인 물과 같았습니다. 피어 보지도 못한 채 썩어버릴 씨앗이 고통받고 있었습니다.

남편은 나눔 활동이 자신을 옭아매고 간섭하는 것이라 생각한 듯 자신뿐만 아니라 내게도 화를 내며 마음의 문을 닫아 버렸습니다. 자식들을 키우며 정신 없이 살아오느라 묻혀 있던 불편한 뭔가가 들고 일어난 모양입니다. 그러니 저절로 말문도 막혀 버렸습니다. 중년의 위기가 찾아왔습니다. 잘해 보자고 시작한 게 오히려 독이 되어 서로의 가슴을 짓눌렀습니다. 길이 보이지 않아 답답하고 슬펐습니다. 함께 살아온 우리가 그동안 서로에게 무엇이었을까?

부부 사이가 좀 더 진실하고 바람직하게 변해가기를 꿈꾸던 나는 남편을 감싸기보단 쉽게 적응하지 못한다고 원망하기 시작했습니다. 그래서 한동안 나눔 활동을 안 하겠다고 억지를 부리는 남편과 노력 없이 꿈만 꾸는 나 사이에 살얼음이 끼어갔습니다. 그때 따뜻하게 감싸주고 지켜봐 주던 다리 과정 부부들이 있었습니다. 그들이 아니었으면 우린 어쩌면 중간에서 포기하고 부부의 참모습을 지켜나가지 못한 채 옛날의 무심한 모습으로 되돌아갔을지 모를 일입니다. 아니, 어쩌면 최악의 사태를 맞았을지도 모르겠습니다. 그리고 그들도 우리만큼 아픔과 시련을 견디고 있다는 것도 알게 되었습니다.

'행복한 가정은 모두 모습이 비슷하고 불행한 가정은 모두 제각각의 불행을 안고 있다.' 《안나 카레니나》 첫대목에 나오는 문장입니다. 결혼 생활에는 모두가 그만그만한 문제를 안고 있다는 것일 겁니다. 살아 보니 알 것 같습니다. 전혀 다른 두 사람이 만나 한세상을 함께 꾸려가려면 끊임없이 소통하고 감사하며 서로 간의 믿음을 저버리지 않는 노력이 필요하다는 것을요. 잘못한 일은 용서하고 힘들 때 위로해 주는 사랑이 필요하다는 것을요.

세월이 흐르니 어느 사이에 화내고 말도 안 하고 지내던 때가 어둡게 느껴집니다. 아니, 그보다는 상대방을 위해 아무 노력도 없이 무심하게 보낸 옛날이 아득하게 느껴집니다. 시련 없이 단단해지는 것은 없나 봅니다. 긴 터널을 빠져나오니 아이들은 어른이 되었고, 어둠 속에서 바라다보이던 환한 빛은 어느새 우리 머리 위에 쏟아지고 있습니다. 우리 부부는 환갑이 지났습니다. 아직도 함께 헤쳐 나가야 할 일이 많은 가을입니다. 오랜 세월이 지나니 함께한 추억이 너무나 많습니다. 구름 걷힌 하늘은 마음의 빗장을 열어 시원하게 가슴을 트이게 하고 수줍게 피어나는 꽃들은 따사로운 그리움을 안겨 줍니다.

이제 겨울이 찾아오더라도 하느님 보시기에 참 좋은 모습으로 조금씩 더 아름답게 물들어 가렵니다. 곁에 있어도 그대가 그리운 부부로 거듭 태어나고 싶습니다.

그 친구를 기억하는 법

•
•
•

세상이 태동을 일으키려 몸살을 앓는다. 엄마들이 출산하려고 고통을 겪듯이 대지의 어머니도 만물을 소생시키려고 산고를 앓나 보다. 이런 계절이 오면 지금은 고인이 돼 버린 친구가 생각난다. 온실 속의 화초처럼 세상 물정을 너무나 몰랐던 그때, 우뚝 솟은 기둥 같았던 가장 젊은 날의 소중했던 한 친구를 기억해 보는 것은 새로운 봄을 맞이하듯 비장하다.

80년대 정치가 암울한 시기에 우리는 대학생으로 만났다. 당시 교육대학 남학생들은 학군단 훈련을 받느라 머리가 짧았는데 이미 군대를 다녀왔는지 더벅머리였다. 키는 작고 잘생기지도 않았는데 뭔가 진지한 품이 첫눈에 콕 박혔다. 그에게서 풍기는 분위기였을까? 아니면 노래였을까? 하여튼 과모임이 있던 꽃

샘바람이 매섭게 불던 날 이상화의 시 〈빼앗긴 들에도 봄은 오는가〉를 구성지게 부르는 이가 있어 돌아보니 송희상 바로 그였다. 저항 의식이 담긴 노래를 불러 첫인상을 강하게 심었고 친구들에게 든든한 나무 같은 이미지로 존재감을 뿌리내렸다.

나중에 알고 보니 그는 대입 검정 고시 출신이었다. 정규 교육을 제대로 받은 것은 초등학교뿐이라고 했다. 집이 가난했고 아버지 없이 거느려야 할 식구가 많아 가장 역할을 해야 하는 무거운 짐을 지고 있었다. 학업을 따라가기도 힘들었을 텐데 돈까지 벌어야 했다. 그럼에도 세상의 한 귀퉁이에서 진지하게 교사의 꿈을 키웠다. 마치 소나무, 느티나무, 아카시아처럼 흔들림 없이 곧았고, 널널하게 그늘을 드리워 주었으며, 특히 사람 향기가 났다. 같은 또래이건만 털털한 웃음으로 무엇이든 감싸 안아 주는 마음 씀씀이 때문에 우리는 그를 '송포'라고 불렀다. 딱 맞는 별명이었다. 그런데 청천벽력 같은 소식이 날아들었다.

4학년 마지막 여름 방학이었다. 논문을 쓴다는 핑계로 무위도식하며 시골집에서 유유자적하게 보냈다. 그때 갑자기 그의 부음이 전해져 왔다. 한 학기밖에 남지 않은 등록금을 벌려고 건축 공사장에서 일하다 사고로 죽었다고 했다. 현실에서 도피해 안일하게 살려던 내 머리를 쾅 내리치는 것 같았다. 작열하던 여름 태양이 한겨울의 날카로운 바람이 되어 온몸을 에었다. 가난을 이겨내고 학업을 계속하고 싶어 했던 그를, 긍정적으로 세상을 받아들이며 꿋꿋하게 자신을 지켜왔던 그를 왜 하늘은 일찍 데려가 버렸을까?

상여도 소리도 없이 장례를 마친 그가 땅속에 묻혔다는 것이 도무지 믿어지지 않았다. 마음이 앞서 그의 묘지로 달려가는 동안 내내 그의 얼굴에 피던 잔잔한 미소가 떠올랐다. '희상아! 널 부르면 씩 웃으며 돌아서서 내게로 올 것만 같구나.'라고 울먹이며 조사를 읽어내리는 지도 교수의 뒷모습을 보며 정말로 그를 부르면 살아서 돌아올 것 같은 착각을 했다. 망월동에서 돌아오는 길은 정말 멀었다. 가을이 오는지 길옆 코스모스 한두 개가 희상이의 얼굴처럼 피어 있었고, 질퍽거리며 돌아오는 길에 끊임없이 우리를 따라오고 있었다.

그 친구가 교단에 섰다면 어떤 모습일지 가끔 상상해 본다. 〈어릴 때 내 꿈은〉 시 구절처럼 창밖의 햇살이 언제나 교실 안에도 가득한 그런 학교의 선생님이었을 것이다. 어느 교정 플라타너스 아래 앉아 시들지 않는 이야기를 나누는 틀림없이 아이들의 좋은 선생님이 되었을 것이다. 교직에 있는 동안 '참교육'이란 말에 끌리고 '열린 교육' 같은 정책이 더 가슴에 와닿았던 까닭이 미처 피어보지 못한 그 때문이었다.

가장 젊은 날의 봄은 이미 가고 없다. 하지만 빼앗긴 들에도 봄은 어김없이 오고 그가 꿈꾸었던 세상처럼 언제나 아름답다. 그 친구를 생각하며 설레는 마음으로 봄을 맞을 준비를 한다.

내 이름은 남옥이

•
•
•

어린 시절 내 이름은 지금과 달랐다. 모르는 사람들은 명희냐고 되물었지만 맹희였다. 으뜸이 되라는 거창한 뜻이었지만 마음에 들지 않았다. 잘못 부른 이름처럼 어감이 촌스럽게 들렸기 때문이다. 그렇게 불리다가 초등학교를 졸업하는 날에야 진짜 성명을 알게 되었다. 졸업식 연습을 하는데 담임 선생님이 문서대로 해야 하니 지금까지 부르던 맹희가 아닌 호적에 실린 것으로 불러야 한다고 했다. 황당한 일이었다. 그때까지 전혀 모르고 있었다. 썩 좋아하진 않았어도 이름이 바뀌는 일은 뭔가 송두리째 잃어버린 기분이 들게 했다. 그렇게 졸업했고 중학교에 입학하면서부터 모든 걸 남옥이란 이름으로 재탄생했다.

아버지는 줄줄이 딸이 태어나자, 면사무소에 가서 직접 출생 신고를 하지 않고 동네 이장에게 맡겼다. 어르신이 어쩌다 면에 볼일을 보러 가면서 그때야 서류를 작성하느라 태어난 지 한참 만에야 신고를 했다. 그것도 하필이면 집에서 부르는 바로 위 언니 이름을 내 것으로 실어 버린 것이다. 언니 이름도 호적에 다르게 올라 있었다. 서로 익숙해질 때까지 시간이 한참 걸렸고 그동안에 생긴 웃음거리도 많았다. 나이도 한참 어리게 실려서 고등학교 졸업 무렵에 공무원 시험이라도 보려고 고치기까지 했다. 남동생 둘은 직접 아버지가 출생 신고를 해서 문제가 생기지 않았는데 어쩜 그렇게 남녀 차별을 했는지 모르겠다. 그때 사정이야 어쨌거나 남옥이란 이름으로 살아 온 세월이 길어서인지 이젠 바뀐 것이 잘됐다 싶다. 남쪽 구슬이란 뜻이 마음에 들고 소리 내어 부르면 따뜻하게 폭 안기는 느낌이 난다.

이름은 묘하게도 신비한 힘을 가졌다. 자꾸 부르면 그 주인의 영혼이 스며드는 것 같다. 겨우 몇 글자로 이루어졌지만, 가만히 되뇌면 그 사람의 전부가 딸려 오는 것이다. 그런 것을 보면 존재한다는 것은 이름을 가졌다는 것인지도 모르겠다. 김춘수의 〈꽃〉에서처럼 이름을 불러 준 후에야 비로소 무엇이 되고 어떤 의미가 생기기 때문이다. 〈오징어 게임〉 드라마에서 죽기 전에 이름을 서로 물어보는 장면이 있다. 번호로만 불릴 때는 그저 게임 상대일 뿐이었지만 이름을 알고 난 후에는 최소한 그 죽음을 애도할 수 있었다. 사람을 사람답게 대하는 일은 이름을 불러 주는 일인 것 같다. 비록 아무것도 아는 바가 없더라도, 그 이름을 짓느라 고심했을 부모와 그 이름으로 살아 온 추억과 고귀한 생명이 들어 있기 때문이다.

예전에 누군가가 나를 보더니 남옥남옥하게 생겼다고 말했던 기억이 난다. 모난 데 없이 둥글둥글하고 사람과 친화력 있게 잘 지낸다는 말로 알아듣고 피식 웃었다. 이름이 나를 드러내 주는 것인지 내가 이름을 닮아 가는지 모르겠다. 하지만 왠지 나를 느낌대로 잘 표현한 것 같아 수긍이 갔다.

한때 대통령이었다가 물러난 뒤에 유행했던 'OO스럽다'란 말이 있었다. 사전에 나오지 않는 말이지만 어떤 느낌을 표현하는 데는 부족함이 없었다. 그런 것을 보면 이름 짓는 일에도 신중해야 하지만 이름값하며 잘 살았는지는 더 중요하다. 누군가 이름을 불러 주면 그 이름이 더욱 가치로워지는 느낌이다. '구슬이 서 말이라도 꿰어야 보배'이듯 그를 알아주고 인정해 주는 사람 덕에 빛이 난다. 자신을 내세울 필요 없이 그것으로 완전해진 느낌을 받는다. 그저 '남옥'이란 이름을 들었을 뿐인데 기분이 좋다. 나는 내 이름대로 잘 살아온 모양이다.

각박한 세상에서 다정하게 이름을 불러 주는 일! 그것은 그 사람을 일으켜 세우고 가슴에 따뜻한 온기를 전해 주는 일이다.

2부

사는 일

삶은 달걀처럼

너무 모나거나

둥글지 않다.

평온

•
•
•

고향집에 들렀다. 마을 입구에서 내려 어두운 길을 걸었다. 차가 생기고 나서는 한 번도 걸어보지 못한 밤길이다. 초저녁인데도 온 사위에 어둠이 내려앉아 고요하기만 했다. 가을걷이로 고단했는지 가로등마저 희미했다. 텅 빈 벌판으로 눈부시게 별빛만 가득 쏟아졌다. 방앗간에서 끊임없이 쏟아지는 하얀 쌀 알갱이처럼 수많은 별이 생생하게 반짝거렸다. 언제부터 저렇게 별이 많았던 것일까, 고향 하늘을 바라보지 못하고 지내는 동안 새로 생겨난 걸까? 처음으로 밤하늘을 보듯 목을 한껏 젖혔다.

불빛도 없는 우산각을 지나고 긴 대숲 그림자 길을 돌아 빈집도 지났다. 사방은 고요하다 못해 괴괴하기까지 했다. 툭 떨어지는 낙엽만 아니었다면, 아니 별빛만 아니었다면 어느 화가의 어두운 그림 같았다. 자세히 봐야 지붕과 굴뚝, 희미한 창이 보이는 그런 그림 같았다. 서울로 떠난 친구의 빈집을 지나면서 일부러 아이들에게 큰 소리로 말을 걸었다.

"엄마는 예전에 이렇게 어두운 길도 무서워하지도 않고 마실을 다녔단다. 그때는 친구가 열 명도 넘었는데 이 집도 친구 부모님 돌아가시고 빈집으로 남았구나……."

공허한 내 소리가 커다란 감나무에 부딪혀 메아리로 돌아왔다. 가만가만 걸으며 듣고 있던 아이들은 내 손을 꼭 잡았다.

"엄마, 너무나 조용해요. 무서워요."

그랬다. 동네가 온통 아무도 없는 듯 적막강산이었다. 초저녁 고샅을 채우던 사람들 소리, 시끌벅적 마을을 지키던 사람들이 그리워졌다. 떼거리로 몰려다니며 술래잡기와 강강술래를 하던 그 동무들은 다들 어디로 가버린 걸까? 친구들이 그립다. 나와 동갑내기 친구가 살았던 옆집은 이미 허물어져 빈터만 남아있다. 아득하게 먼 어린 시절, 결혼식을 올리느라 마당 가득 사람들이 들어차고 '신랑 · 신부 추울~' 주례의 낭랑한 소리가 들려오던 그런 때가 있었다. 혼례가 끝나면 이내 어깨를 들썩이며 춤을 추는 판으로 담 너머까지 온 마을이 떠들썩했다. 손수건에 음식을 싸던 할머니는 약주 탓에 얼굴이 붉어져 있었지. 새색시였던 그 언니는 이미 할머니가 되어 있겠다.

한꺼풀 어둠을 벗겨내면 마치 애니메이션 영화처럼 다시 마을이 되살아날 것만 같았다. 붓 한 번만 스쳐도 내 어린 시절 동네 사람과 색깔, 소리가 한순간에 살아나 움직일 것만 같았다. 하지만 담 너머로 고양이 한 마리가 그림자조차 숨기려는 듯 휙 사라져 갔다. 유난히 컹컹 짖는 개소리에 마을의 어둠은 더 깊어지기만 했다.

대밭이었던 긴 담벼락을 지나 고향집에 도착했다. 마당에는 차곡차곡 쟁여 논 가을걷이가 그득했다. 가을볕에 말리느라 쌓아 둔 나락 가마니 더미가 보이고 잘 익은 호박이 오지게도 쌓여 있었다. 처마 밑에는 감을 깎아 주렁주렁 매달아 놓았다. 닭이 꼬꼬거리고 소가 여물 씹는 소리도 들렸다. '아, 아직 우리 부모님은 건재하시구나!' 큰소리로 엄마를 불렀다. 늘 그랬듯이 화들짝, 엄마가 문을 열고 나왔다.

"오메, 어서 오니라. 내 새끼들."

엄마가 여는 문소리에는 기다림이 뭉클 배어 있었다. 추석 때보다 더 야위고 작아진 어머니, 그 어머니가 어둠을 몰아내며 나왔다. 그제야 내 마음에는 괴괴한 어둠 대신 평온함이 찾아왔다.

이젠 그것마저 오래된 이야기다.

아버지의 어깨

요즘 사람들은 감정이나 기분을 스스럼없이 표현할 줄 안다. 젊을수록 남의 눈치를 보지 않는다. 속마음을 알 수 없어 애태우는 것보다 나은 것 같다. 지나치게 솔직하면 되레 감정이 불편해지기도 하겠지만, 아무리 좋은 것도 표현하지 않으면 알 수 없으니 일단 바람직하다. 낀 세대인 우리는 이것도 아니고 저것도 아니어서 자칫 감정의 골이 깊어지기도 하고 풀지도 못한 채 좋지 않은 관계로 이어지는 경우를 본다.

우리 부모 세대는 마음을 표현하는 데에 아예 인색했다. 어머니는 드라마에서조차 사랑한다는 말이 민망스럽다고 하고 아버지는 혀를 차거나 고개를 돌렸다. 하지만 두 분이 해로한 걸 보면 나름의 방법이 있었을 것이다.

어머니는 오랫동안 무릎이 좋지 않아 양쪽 다리를 수술했다. 걸을 수 없어 남동생이 살고 있는 서산으로 거처를 옮겨 올케가 수발했다. 어머니는 수술하러 가기 전, 여러 가지 일을 하느라 완전히 기력이 떨어졌다. 어느 날은 쓰러져 있는 걸 언니가 발견하여 병원에서 수액을 맞기도 했다. 당신이 집으로 돌아오려면 두 달 이상은 걸린다는 의사의 말에 많은 것이 눈에 밟혔던 모양이다. 들에서 자라고 있는 곡식이랑 집안 살림도 그렇고, 온 집안 구석구석마다 내려놓을 수 없는 짐이 되었을 거다. 그런 어머니를 떠나보내는 아버지의 마음도 오죽 심란했을까.

어머니가 퇴원하자 아버지를 모시고 언니들과 동생 집으로 갔다. 수술한 지 열흘밖에 지나지 않았지만 햇빛을 쐬지 않아서인지 어머니는 도시 할머니처럼 얼굴이 뽀얗고 고와 보였다. 어머니는 일흔 중반을 넘기면서 무릎이 아프기 시작했다. 연골이 닳아 뼈마디가 부딪힐 때마다 끔찍하게 아픈데도 이를 악물고 일을 했다. 수술을 하고 싶어 했지만 나이도 많고 약하니 참고 살라던 의사 말에 그냥 견뎠던 거였다. 다행히 수술을 해 준다는 병원이 있어 로봇으로 인공 관절을 넣었다. 그동안 참느라 몸이 말할 수 없이 쇠약해졌고 나이도 많아 걱정되었다. 그러나 수술을 무사히 마치고 회복되어 가는 어머니를 보고 나니 마음이 놓였다. 각자 집으로 돌아가는 길에 안면도 꽂지 해수욕장엘 들렀다. 몇 년 전 모두 함께 놀러 갔던 곳이라 다시 한번 찾아가 보고 싶었던 것이다. 피서철이 끝난 늦은 여름 탓인지, 몇 해 전에 일어났던 태안반도 기름 유출 사고의 여파인지 모래밭은 쓸쓸한 기운이 감돌았다. 파도 소리만이 마음을 쓰는 듯 넘실거렸다.

언니들이랑 바닷가를 거닐며 수다를 떨다 문득 뒤돌아보니 저 멀리 혼자 앉아 있는 아버지가 보였다. 바닷가 풍경만큼이나 쓸쓸해 보이는 아버지가 그제야 눈에 들어왔다. 한없이 가라앉은 어깨 위를 구름 낀 하늘이 누르고 있었다. 평생 궂단 말 한마디 않고 묵묵히 농사만 지어 온 아버지가 그렇게 홀로 앉아 있었다. 기분이나 감정 표현하는 걸 들어본 적이 없어 그러려니 무심하게 대했던 아버지가 자식들 틈바구니에서 외따로 그렇게 떨어져 있었던 것이다. 여태 보아 온 것과는 너무나 달라 가슴이 아려왔다. 기댈 곳이 없어서 무너져 버린 어깨를 왜 알아보지 못했던 것일까? 아버지는 그래도 되는 사람인 것처럼, 마음을 헤아려 볼 생각을 해 본 적이 없었다. 무슨 일이 생기면 엄마와만 의논하고 한 번도 이야기를 제대로 나눠 본 적이 없어서 아버지는 뭘 좋아하셨는지, 꿈은 무엇이었는지 아는 게 없다. 아버지의 삶을 돌아보니 외롭고 힘들었을 거란 생각이 들었다. 아버지를 좀 더 가까이 대했더라면 어땠을까.

두 달 후, 어머니가 집으로 돌아왔다. 잘 걸을 수 없었기 때문에 아버지는 어머니가 하던 대로 밥을 하고 국을 끓여 상을 차리고 걸레로 방을 훔치기도 했다. 아버지를 보니 입꼬리가 올라간 듯 어깨가 살짝 들린 게 보였다. 어머니가 곁에 있는 것만으로도 힘이 나고 든든한 모양이었다. 표현은 하지 않지만 아버지의 어깨가 말해 주고 있었다. 언제 그렇게 처졌었나 싶을 정도였다. 그런 아버지를 보며 남모르게 미소 지었다. 남의 비밀 일기를 들여다본 기분이랄까? 아버지의 살아난 어깨는 당분간 부모님 걱정을 안 해도 되겠다는 안도감을 주었다. 깊은 속은 말이 먼저가 아니라 몸에서 절로 나타나나 보다.

사는 일

나보다 먼저 퇴직한 남편은 뭘 하면 좋을지 반년 동안 고민하더니 직업 훈련원에서 약 7개월 동안 용접하는 걸 배웠다. 이론은 3, 4일가량 배우고 남은 기간 내내 기술을 익히는 프로그램이었다. 사실 사전 지식이 아무것도 없었다. 텔레비전에서 〈극한 직업〉을 자주 보더니 앞뒤 재지 않고 덜컥 선택한 것이다. 불꽃 튀는 작업장과 땀을 흘리며 뭔가를 완성해가는 과정이 멋있었나 보다.

이 직업 훈련은 여러 가지로 꿈에 부풀게 했다. 정부 보조금을 받아 운영하기 때문에 전액 무료다. 훈련 과정을 마치면 특수 용접 기능사 자격증을 딸 수 있다. 인력이 부족해 기술이 있으면 귀하게 대접받는다는 말도 들었다. 한 번 익힌 기술은 쉽게 사라지지도, 정년이란 것도 없으니 참 좋을 것이다. 잘하면 취업해서 돈을 벌 수 있고 굳이 직장을 갖지 않더라도 가용 정도는 할 수 있을 테니 잘 배워 두기만 한다면야 손해볼 것이 없었다. 다만 남편은 뚜렷한 목적이 없어 취업이 절실한 사람에게 미안했고, 15년 아래 까마득한 후배뿐이어서 조금 풀이 죽긴 했다. 더군다나 스물여섯 살인 옆집 아들까지 있어 체면 차리기도 불편했을 것이다. 하지만 열심히 배우려는 열정과 막연한 청사진으로 그것이 어려운 길이란 걸 그때까지는 알아차리지 못했다.

교육은 매일 오전 아홉 시에 시작해서 오후 다섯 시경까지 빡빡하게 진행되었다. 보안면을 쓰고 3천 도가 넘는 불 앞에서 종일 용접하는 기술을 익혔다. 퇴근하고 보면 불꽃이 두꺼운 옷을 파고들어 구멍이 숭숭 뚫리고 손목이 벌겋게 달아올라 있었다. 제일 걱정인건 시력이었다. 보안면이 열과 빛을 완전히 막아주지 못해 더 나빠졌다. 남편은 평소에 운동도 잘하지 않고 타고난 체력도 약하다. 맨날 허리 아픈 것은 지병이 되어 버렸다. 안 쓰던 근육을 쓰느라 고단했다. 동떨어진 세계에서 살던 사람들과 어울리느라 애쓰기도 했다. 체면 따위 겉치레를 벗어 두고 열심히 공부했지만 결코 쉽지 않은 길이란 걸 시간이 좀 흐르고서야 깨닫게 되었다. 그런데도 결석하지 않고 나가는 이유가 있는 듯했다. 물론 겉으로야 시작했으니 마칠 때까지 최선을 다하겠다고 했지만, 용접하는 일에 몰두하다 보면 불멍이라도 하듯이 세상 근심 걱정을 땜질할 수 있었을 것이다. 무엇보다 좋은 것은 평생 말하는 직업에 시달렸는데 그렇지 않고도 하루를 보낼 수 있으니 누이 좋고 매부 좋은 격이었으리라.

그는 평소에 정말 말이 없다. 특히 자세하게 설명하는 일, 목적 없는 말을 하는 것을 힘들어했다. 수다떠는 사람이 있으면 멀리 피해 다녔다. 살아가는 데 꼭 필요한 말만 하는 건 아니다. 때로는 실없는 말도, 분위기를 살리려고 억지 개그를 할 때도 있건만 그는 곧이곧대로라 재미없고 딱딱하기만 하다. 대신 남을 험담하거나 욕설 같은 나쁜 말을 하지 않아 참 다행이다. 오랜 세월 길들어진 탓에 나도 말 많은 사람 곁에 있으면 쉬이 피곤해진다. 그런 사람이 학생들 지도하느라 억지로 말을 많이 해야 했으니 얼마나 힘들었을까? 퇴직 후에야 그의 직장 생활을 톺아보니 안쓰러웠다. 하기 싫은 일을 억지로 해야 하는 곤혹이 이해되었다. 그래서 직업 훈련을 전폭 지지해 주었다. 둘만 있으면 적막강산이었는데 오늘은 어땠는지 이야기 나눌 수 있어 괜찮았다.

시작은 좋았다. 이론 시험을 아주 쉽게 통과했기 때문이다. 그런데 실기는 아무리 연습해도 되지 않는다고 했다. 용접을 잘하려면 스파크가 일어날 때 일정한 간격으로 땜질해야 한다. 너무 가까이 대면 용접봉이 철판에 붙어버리고, 떨어지면 스파크가 일어나지 않으며, 간격을 유지하지 않으면 울퉁불퉁해져서 엉망이 된다고 한다. 불덩이가 마구 튀는 속에서도 철판과 용접봉 간격이 2밀리미터 정도 유지할 수 있도록 끊임없이 숙련해야 한다. 고도의 집중력과 감각이 필요한 작업이다. 그런데 눈도 잘 보이지 않고 손이 떨려서 비드(bead) 모양이나 두께 등의 기준을 맞출 수 없었단다. 그는 교육이 끝나도록 시험에 통과하지 못했고 지금은 아예 손을 놓았다.

사는 일이 시간을 허비하는 일이 아니라고 말했던 어떤 이의 말은 위로가 된다. 종일 낚시하고서도 빈 바구니로 돌아올 수 있잖은가. 고기잡이에 실패했거나 그저 멍하니 있었더라도 그것이 사는 일이니 고귀한 일이다. 아쉬움은 있어도 낙담스럽지는 않다. 지내놓고 보면 무엇이 어떻게 쓰일지 알 수 없다.

잿빛 안개 속에서

오래전 탐진강가에 〈보엠 화실〉이 있었다. 진눈깨비가 내려 세상이 잿빛으로 덮인 날 친구와 나는 그곳을 방문하게 되었다. 할 일이 없어 심심하기도 했고 그림을 그려보고 싶었기 때문이다. 물론 좋은 선생님이 되려면 그림을 잘 그려야 한다는 생각도 있었다.

좁은 계단을 지나니 온 벽이 학생들의 습작으로 도배가 되어 있는 공간을 난로와 기타 한 대, 그리고 비너스 데생을 하는 고등학교 남학생 둘이 지키고 있었다. 아직 난로는 연탄이 없어 제구실을 못했고 기타는 주인이 없어 오도카니 서 있었다. 바깥 날씨만큼이나 춥고 썰렁한 느낌이었다. 무슨 열정에선지 첫날부터 그림을 그리기 시작했다. 화실을 지키던 남학생이 빛도 제대로 들어오지 않는 구석으로 자리를 안내하더니 화지의 크기에 어울리게 사과를 그리고, 빛과 그림자를 세심하게 표현하는 방법을 가르쳐 주었다. 얼마 지나지 않았는데도 손이 곱고 발이 시려 그림은 고사하고 그냥 견디기조차 힘들었다. 그 후로도 늘 그런 날이 많았다. 그런데도 그곳을 떠날 때까지 거르지 않고 열심히 그림을 배우러 다녔던 데는 그만한 이유가 있었다.

원래 화실은 장흥고를 졸업한 사람들이 미대 지망생들을 위해 만들어 준 일종의 동아리 사무실 같은 곳이었다. 그림을 공부하는 사람끼리 돈을 모아 화실을 관리하는 유지비로 쓰고 틈틈이 나와 그림을 그리거나 선배가 후배를 지도해 주는 모양이었다. 체계적이지 못하고 초라한 곳이었지만 당시에는 장흥에 유일한 화실이었고 내 기억으로는 이름만큼이나 예술을 사랑하는 영혼이 담겨 있는 곳이었다.

며칠이 지난 후 기타의 주인공이 나타났다. 자유분방한 사람들이 즐겨 입는 군복 스타일의 사파리를 입고 시원한 목소리로 바람을 몰고 나타났다. 화실은 엄청나게 변화하기 시작했다. 어둡던 곳이 갑자기 밝아졌고 음악 소리가 들리고 얼굴에 생기가 돌았으며 연탄난로가 빨간빛을 내기 시작했다. 라면을 끓여 먹고 커피도 마실 수 있었으니 한 사람 때문에 분위기가 그렇게 달라질 수 있다는 게 놀라웠다. 화기애애하니 무엇보다 이방인 같았던 우리에게 소속감이 생겼다. 사각사각 목탄 긁는 소리를 들으며 아그리파를 데생할 때는 그의 감미로운 기타 소리와 해맑은 노래가 우리의 의식을 파고들었다. 휴식 시간에는 손가락이 새까매진 채로 함께 노래했다. 보엠 화실 로고송은 지금까지 귀에 맴돈다. 기타를 드럼 삼아 치며 부르던 〈정선아리랑〉은 정말 멋졌다. 우리도 그 속에 파묻혀 1월의 잿빛 같던 나날들을 따스하게 보냈다.

먼 곳으로부터 봄소식이 전해져 왔다. 이따금 화실 안까지 따뜻한 빛이 유리창을 헤집고 들어온 어느 날 야외 스케치를 떠났다. 여전히 목탄 데생이나 하고 있어야 할 처지인데도 화판을 들고 합류했다. 장소는 장평 섬안리였다. 장흥에 살면서 처음 들어본 지명이었다. 군내 버스를 타고 가서 보니 마을과 조금 떨어져 보리가 자라는 들판을 가로지른 곳에 강이 흐르고 있었다. 다이아몬드처럼 황홀하게 윤슬이 빛나고 있었다. 버들개지가 앙증스러운 몸짓으로 봄 햇살을 받고 섬보다 더 외로운 아득한 산골짜기 그곳에다 짐을 풀었다.

처음엔 제법 그림을 잘 그릴 수 있을 것 같았다. 경치는 물론이고 정감 있는 분위기도 좋았으니까. 하지만 강이 굽이져 돌아가는 곳에 푸른 대숲과 보기 좋게 조화를 이루고 있는 나룻배 경치를 그리다가 말아 버렸다. 때 묻지 않은 자연의 숭고한 아름다움을 내 손끝으로 그려낸다는 것이 어리석게 느껴졌기 때문이었다. 다른 사람 그림을 구경하며 오래도록 강물을 바라보았다. 싫증나지 않는 풍경이었다. 화실 식구들과 어우러져 오래도록 가슴에 남을 정경이었다. 점심때가 되어 나무를 주워 모아 솥단지를 걸고 밥을 지어낸 다음 돼지 김치찌개를 끓였다. 장난꾸러기 아이들처럼 짓궂게 먹어 치우고 반짝이는 오후 햇살과 물빛을 받으며 우리는 그와 함께 기타 반주에 맞춰 노래를 부르며 놀았다. 귀여운 후배들이 우리를 위한 공연까지 했다. 행복이 반짝반짝 빛나는 따사로운 날이었다.

긴 겨울 방학이 한순간에 휘리릭 지나가 버렸다. 마지막 날 데생을 마치고 그와 오랫동안 이야기를 나누었던 기억이 난다. 《달과 6펜스》 소설과, 쿠르베나 뭉크 같은 화가 이야기를 했던 것 같다. 그림에 소질도 없고 문외한이었던 내게 미술 감성을 키워 준 그가 진심으로 고마웠다. 그리고 알 수 없는 감정의 소용돌이에 휘말려 들려 하고 있었다. 재빨리 도구를 주섬주섬 챙겨서 화실 문을 나섰다. 뭔가에 빠지는 것을 두려워했던 소심한 나는 몰아치는 바람을 잊어버리기로 했다. 친구와도 헤어져야 했으므로 〈호박 다방〉에서 차를 마셨다. 탐진강은 여전히 잿빛 안개가 넘실거렸고 다방 안은 그날따라 난로에서 톱밥이 향기롭게 타는 소리로 가득했다.

누가 그곳을 지키는지, 아직 화실은 남아 있는지 알아보지 못한 채 세월이 흘렀다. 하지만 그 옛날 보엠 화실을 추억하는 일은 여전히 가슴을 따뜻하게 한다.

잿빛 안개 속에서
부딪히는 자연의 순간이
보헤미안 얼처럼 거룩한 빛
어디 갔나 방황하는 화가여
너는 위대한 창조자
생명의 불빛
사랑의 등불
생각하는 보헤미안

여름이 온다

•
•
•

소만 시기, 산천초목이 무성해지기 시작한다.

만년 빈집에도 어디서 날아왔는지 모를 잡초들이 기세 좋게 자라고 있었다. 연약했던 풀이 조금씩 토방까지 침범해서 꽃을 피우기 시작했다. 시멘트가 오래되어 쉽게 가루로 부서지는 바람에 생명이 강한 풀씨들이 벌써 자리를 잡은 것이다. 다른 빈집 이야기 들어보면 방안까지 죽순이 자라 대밭이 되어가더라고 했다. '대밭을 끼고 있는 우리 집도 온통 풀밭이 되겠구나' 싶어 남동생 주관으로 지난주에 새로 포장하게 되었다. 그 기념으로 한데 모여 텃밭에서 겨울을 이겨 내고 자라난 상추를 뜯어다 삼겹살 파티를 하기로 했다.

오후 햇살을 받으며 고향으로 향했다. 조성 들을 지나니 보릿

단 태우는 냄새가 구수했다. 옛날에는 여기저기 연기로 가득하더니 요즘엔 한두 군데만 보인다. 불날 염려도 있겠거니와 보리농사가 줄었기 때문일 것이다. 이때쯤이면 보리똥이나 보리앵두, 보리산딸기가 빨갛게 익어 간다. 보리 수확 철은 정신없이 바쁜 계절이다. 보리를 거둬들이자마자 벼 심는 일이 곧바로 이어지던 이모작 시절에는 아이들도 거들어야 할 일이 많았다. 아침 일찍 일어나 보리 이삭을 주워야 하고 부모님 대신 동생을 돌보거나 집안일을 해야 했다. 햇살은 나른하고 뻐꾸기 울음소리도 피곤하게 느껴지던 그때, 이런 열매를 따 먹으면 힘이 났다. 가을 열매처럼 아주 맛있는 건 아니지만 떨떠름하고, 새콤달콤하던 그것들은 나름으로 농사일 돕느라 애쓰던 아이들에게 큰 위안이 되었다. 그 맛을 기억하는 내 혀에서는 군침이 돌고 미소가 번졌다.

마을을 들어서니 논마다 물이 가득했다. 오랫동안 비가 오지 않아 걱정했는데 다행이었다. 극심한 가뭄이 아니라면 버틸 수 있는 저수지와 물 대기 좋은 수로가 있어 농사를 짓지 않아도 마음이 든든하다. 찰랑거리는 물빛에 풍경이 신선계처럼 어른거렸다. 요즘 이런 풍경을 감상하는 일명 '논멍(논을 보며 멍때리는)'이 인기를 끌고 있다는데 지겹도록 보고 자랐건만 새삼 아름답다.

논두렁 가장자리에서 한 노인이 커피를 마시려고 물을 따르는

지 멀리서도 쪼르륵 소리가 들렸다. 잠시 멈추는 휴식에서 얼굴 가득 퍼지는 평화로움이 느껴졌다. 그 분위기를 즐기는 내 마음 한구석에도 작은 행복이 흘러나왔다. 자식들은 힘드니 농사 그만 지으라고, 몸에 해로우니 커피 그만 마시라고 했을 터인데 그러면 저런 행복은 어디서 얻을까? 북한 속담에 '보리를 베면서 가라면 하루에 갈 길을 평지에서 걸어가라면 닷새도 더 걸린다'는 말이 있다고 한다. 농사일이 힘들긴 하지만 그만큼 신이 나는 일이기도 하다. 들판은 금세 벼로 가득찰 것이다.

집에 도착하니 시멘트 포장이 깔끔하게 잘 되어 있었다. 쉽게 자동차를 주차할 수 있었다. 도착하자마자 청소부터 시작했다. 다른 식구들이 들이닥치기 전에 부지런히 쓸고 닦았다. 조카들의 아이까지 온다니 마음이 바빠진다. 어른들만 있으면 웃을 일이 별로 없는데 어린 아이들과 오면 괜히 깔깔거리게 된다. 마당에서 숯불을 피워 놓고 고기를 구웠다. 바람이 살랑살랑 불어 그지없이 좋은 날이었다. 춥지도 덥지도 않은 황금 날씨, 성가시게 날아다니는 벌레도 없다. 아이들은 마음껏 뛰어놀았다. 어린이집에서 배운 것을 자랑하고, 공놀이를 즐기기도 했다. 그러다 한 아이가 집에 가고 싶다고 칭얼댔다. 갑자기 그런 말을 들은 부모는 당황했다. 아까 그 아이가 킥보드를 타다가 넘어지는 것을 보았다. 아마도 짐작하건대 잘 타는 모습을 보여주고 싶었는데 그러지 못해 속상한 게 아닌가 싶었다. 혹시 그것 때문이냐고 물었더니 맞다고 한다. 그래서 다시 한바탕 웃었다.

아이들 때문에 힘이 솟구친다. 여름이 온다.

거미줄에 걸리다

햇살이 눈부시던 어느 날 아침 산책하다 거미줄에 걸렸다.

아주 오랜만에 일찍 일어나 호수 주변으로 나갔다. 가족 끼니를 걱정하지 않아도 되는 여유로운 날, 산책길은 고요했다. 어느 사이 뜨거웠던 여름이 지나고 기를 쓰고 울어대던 매미 소리가 더 이상 들리지 않았다. 한결 순하고 부드러워진 주변의 풍경은 내 마음마저 차분하게 만들었다. 나는 세월을 보내지 않았는데 계절은 절로 흘러갔나 보다.

호숫가 작은 동산 숲으로 들면 제법 큰 나무에 가려 도시 모습이 잘 보이지 않는다. 아름드리 나무가 자라고 곤충들이 살며 간혹 들꽃도 보인다. 천천히 자연의 바람을 느끼며 숲속을 걸었다. 살며시 내게 와 닿는 바람은 신선한 공기를 일으켜 폐를 부풀리며 그동안 쌓였던 근심 걱정을 덜어내 주는 것 같았다. 내가 숲에서 아늑하고 편안함을 누리는 것처럼 그 속에서 살아가는 자연들도 같은 반응을 하는 게 보였다. 기지개 켜듯 몸을 뻗는 나무, 하품하듯 나른하게 살랑거리는 나뭇잎, 내 노래 좀 들으라는 듯 울어대는 풀벌레가 숲이라는 공간에서 한 식구가 된 느낌이었다. 그들은 내게 아무 관심도 없었지만 하나하나 눈길로 인사를 보냈다.

쌈지 숲의 정상에 이르니 햇살을 받아 하얗게 빛나는 게 보였다. 나무와 나무 사이에 놀라우리만치 간격을 잘 맞춘 방사선형의 거미줄이었다. 그곳에서 거미는 그늘진 곳 한쪽에서 살랑거리는 바람 따라 흔들리며 가만히 있었다. 먹이도 대롱대롱 함께 흔들렸다. 마치 그네를 타듯 살짝 흔들거리기만 할 뿐 미동조차 없어 작은 신선처럼 보였다. 발에 휘감겨 부서질 듯싶은데 그렇지도 않고 바람에 찢겨 날아가지도 않는 거미줄이 신기했다. 다리 긴 조그만 게 어떻게 보일락 말락 가느다란 실을 이용해서 그물을 짤 수 있는지 봐도 봐도 기특하기만 했다. 그러다 나는 마치 거미줄에 걸린 듯 그대로 쪼그려 앉아 버렸다. 그것도 나와 인연이었을까.

해먹을 타고 나처럼 아침의 신선함을 즐기고 있는 것일까? 포획한 먹이에 취해 포만감을 누리고 있는 것일까? 도대체 그물 짜는 방법은 어떻게 배웠을까? 그 아침, 조그만 아주 조그만 생물에게 궁금한 게 많아 말이라도 걸어보고 싶었다. 기분도 묻고 그물을 잘 짰다고, 먹이 갈무리를 잘해 두었다고, 참 온순하다고 머리라도 쓰다듬어 주고 싶었다. 한참이 지났지만 솜털에 닿을락 말락 하는 바람에 몸을 맡기고 거미는 여전히 그 자리에 가만히 있었다. 아무 말이나 지껄여도 한없이 받아줄 것 같았다. 살다 보면 근거도 없이 뭔가가 갑자기 좋아지는 때가 있다. 아무렇지도 않던 것이 문득 눈에 들어오게 되면 이전과는 다르게 보이기 시작하는 것이다. 그것이 미물일지라도 내게 던지는 메시지가 있고 반향을 일으켜 특별하다.

시간 가는 줄도 모르고 꼼짝없이 거미처럼 등을 동그랗게 말고 앉아 있는 동안 신선하고 느긋한 아침 햇살은 세상에 없는 행복을 가져다 주었다. 얼마 만에 느껴보는 편안한 시간인가. 그런 거미줄이라면 얼마든지 걸려도 좋겠다. 숲을 나오며 여름내 오그라졌던 마음이 활짝 펴졌다. 삶이 더 가벼워지고 기쁨은 더 커졌다.

뻐꾸기시계

결혼식장이었다. 오랜만에 보는 언니 얼굴빛이 초췌했다. 밝게 울리던 목소리도 생기를 잃어 겨우 인사만 건넸다. 더구나 형부는 십 년은 더 나이 들어 보였다. 옛날의 자상하고 기운 넘치던 모습은 어디론가 사라지고 허방을 짚고 있는 듯 불안했다. 자세한 이야기는 듣지 못했지만 서로 데면데면하는 그들의 모습에서 고민거리가 읽혔다.

언니는 나와 달리 연애결혼을 했다. 너무나 좋아하는 사이어서 말다툼 같은 건 생각도 못 하고 살았을 것이다. 그랬던 그들이 부모 친지들이 행여 눈치챌세라 몇 시간을 한차로 달려 오면서 얼마나 마음을 태웠을까? 이야기도 제대로 나누지 못하고 돌아서던 모습이 눈에 밟혀 측은했다. 결혼식에 올 건지 전화 통화

할 때 살짝 언니의 심경을 들었다. 만에 하나 그런 일이 있으면 결판을 내라고 쉽게도 대꾸했지만 어떻게든 위기 상황을 잘 넘겨 옛날로 돌아갈 수 있기를 간절히 바랐다.

셋째 딸은 보지도 않고 데려간다는 말처럼 언니는 참 예뻤다. 그런데 강원도라는 생판 모르는 낯선 곳으로 시집을 갔다. 너무 멀리 떨어져 지내는 바람에 늘 친정을 그리워했지만, 결혼 생활은 별 탈 없이 잘 지내왔다. 아이 낳아 기르고 시부모 공양하며 때에 맞춰 집 장만하면서 소박한 행복을 누렸다. 함께 자랄 때는 손에 물 묻히기 싫어서 걸레 끝만 잡고 방 청소를 하다 휘휘 돌려 대강 빨기도 하던 언니가 결혼하고는 완전히 달라졌다. 쓸고 닦으며 온 집안을 반짝반짝 윤이 나게 가꾸었다. 아기자기하게 살림하는 것이 재미있어 보였다.

그렇게 오순도순 행복하던 가정에 금이 가기 시작했다. 형부에게 문제가 생긴 것이다. 그 때문에 집안 분위기가 삭막하면서 반짝거리던 것들이 퇴색하기 시작했다. 시간 맞춰 울어대던 뻐꾸기시계도 더 이상 울지 않게 되었단다. 무심히 시곗바늘만 돌아가고 세월이 속절없이 흘렀다. 그동안 언니는 조금만 더 두고 보자며 기다렸다. 무엇보다 고향 부모를 생각하며 버텨냈단다.

가을이 곱게 물들어 가던 어느 날 감기가 심하대서 다른 언니들과 먼 길을 찾아갔다. 틀림없이 마음의 병이 깊어진 탓일 거다. 멀다는 이유로 거의 돌아보지 않고 지내던 게 마음에 걸려 큰맘 먹고 길을 나섰다. 강원도는 어느 길이든 아름답다. 밝은 햇빛이 눈부시게 빛나고 하늘은 비길 데 없이 아름다운 비췻빛으로 물들어 있었다. 잠시 관광하는 착각을 했다. 하지만 언니의 처지를 생각하니 마음이 무거워졌다. 못 본 동안 무슨 일이 있었으면 어떡하나 걱정이 되었다. 염려만 했지 힘이 되어 주지 못했던 게 미안했다.

어둑해서야 언니 집에 도착했다. 때마침 부부가 마을 어귀에 마중 나와 있었다. 염려했던 것과는 달리 지난 결혼식 때보다 훨씬 편안해 보이고 살이 올라 있었다. 집안으로 들어갔을 때 거기서도 뭔가 좋은 분위기가 느껴졌다. 만난 지 두 계절이 지나는 동안 무슨 일이 생긴 게 분명했다. 여러 가지 묻고 싶은 게 많았지만 물을 수 없어 기다리고 있었는데 뻐꾸기시계가 시간을 알리느라 뻐꾹뻐꾹 울었다. 하도 말개서 초저녁 별들이 초롱초롱 등처럼 걸리기 시작하는 밤하늘을 보고 있을 때였다. "저 뻐꾸기시계가 울지 않더니 느닷없이 울게 되었어."라고 귓속말을 해주었다. 사정을 알아들은 나는 서녘에 걸린 초승달을 보며 혼자 배시시 웃었다. 어려운 시기를 잘 이겨온 언니 부부는 비 온 뒤에 더 단단하게 굳어진 땅처럼 보기가 좋았다.

한줄기 빛처럼

•
•
•

뜨거운 여름에 헉헉거리고 있었다. 덥다 덥다, 뜨겁다 뜨겁다, 숨이 턱 막히는 시간을 견디느라 언제 가을이 올지 생각조차 못했다. 멀게만 느껴지는 계절의 변화에 무언가 갈증은 더욱 깊어지는 것 같았다. 이미 빌딩 숲으로 가려져 무등산은 보이지 않고 전설처럼 아스라이 뻗은 금남로 길에는 자동차 행렬로 가득하다. 아스팔트가 열기를 더 이상 받아들이지 못해 아지랑이로 되뱉는 광주에 참으로 오랜만에 발을 디뎠다.

이따금 지나가는 자동차나 길게 소리를 빼어 무는 매미가 아니라면 마치 시간이 멎어있는 것처럼 느껴지는 시골에 살다 보니 광주는 빨래가 가득 찬 빨래통 같았다. 더운 날씨에 지치고 공해에 시들며 사람과 자동차에 몸살이 나는 듯 보였다. 그러나

나름대로 도시의 넘치는 활기가 엿보여 20대로 돌아간 듯했다. 분위기 때문인지 어느새 자유인이 됐다.

결혼 이후 그렇게 홀로 나서 보는 것이 정말 오랜만이었고 다시는 그런 시간이 주어질 것 같지 않아 한정된 시간을 어떻게 써야 할지 가슴이 뛰었다. 헬렌 켈러는 '3일간만 밝은 세상을 볼 수 있다면 자신을 사람 되게 하고 진정한 행복이 무엇인지 가르쳐 준 대자연과 인간이 만들어 낸 위대한 피조물을 대면할 수 있기를 간절히 바란다'고 했다. 그녀에 비할 수는 없지만 나 또한 영화처럼 누릴 수 있는 무언가가 나를 기다리고 있을 거란 생각이 머리끝으로 몰려드는 것을 느끼며 걸음을 옮겼다.

먼저 백화점으로 들어갔다. 시간이 난다면 충장로 거리 화랑가, 문예 회관이나 대학 캠퍼스까지 둘러보고 싶었다. 광주는 많이 변해 있었다. 상전벽해를 이루었다고 해도 지나친 말이 아닐 것이다. 마침 백화점에서 전남 개도開道 100주년 기념행사로 사진 전시를 하고 있었다. 광주의 옛날과 오늘날의 모습을 담은 사진이었다. 푸른 논밭과 실개천에서 빨래하는 아낙네는 사라지고 없었으나 대신 21세기를 향한 현대식 건물들이 새로운 희망을 비추고 있었다. 때맞춰 올림픽 100주년 기념행사지인 애틀랜타에 참가한 전남 선수들의 소개와 활약 모습도 같이 전시하고 있었다. 이제 백화점은 단순히 상품만을 팔던 시대는 지나고 문화를 주도해 나가는 곳이 된 것 같다. 유행을 창조하고 이끌며 문화를 판매하는 최첨단의 옷을 입게 된 것이다. 그리고 얄미울 정도로 센스가 뛰어난 곳이기도 하다. 이런저런 코너에서 시간을 보내느라 더 이상 다른 데는 들르지 못하고 말았다. 사람이 만들어 낸 빛은 흐름이 느껴지지 않는다. 문득 시계를 보고서야 시간이 상당히 지났다는 것을 알았다.

서둘러 밖으로 나오니 세상은 하얗게 물보라를 일으키며 비에 젖고 있었다. 뜨거워진 대지가 빗줄기에 닿아 푸시식거리고 굵은 물방울은 저희끼리 도랑을 이루어 어디론가 흘러가고 있었다. 때마침 백화점 방송에서는 비가 내리고 있으니, 우산을 준비하라는 말과 함께 〈내일을 향해 쏴라〉 영화 주제곡이기도 했던 '머리 위에 떨어지는 빗방울' 노래가 경쾌하게 흘러나왔다. 노랫말처럼 떨어지는 비를 하염없이 맞아도 좋을 분위기였다.

시원하게 쭉쭉 내리쏟아지는 빗줄기는 누구도 방해할 수 없는 상념으로 빠져들게 했다. 가슴에서 쏴아아 일상의 땟국물이 씻겨 내려가는 소리가 들렸다. 《소나기》에서의 원두막 정경과 〈탈고 안 될 전설〉에서 비를 맞고서도 초연히 서 있던 여승의 모습이 떠오르면서 〈쉘부르의 우산〉에서 나오는 말 없는 우산 행렬의 강렬한 화면도 생각났다. 비는 꽤 오랫동안 퍼부었다. 마치 세상 살아가는 어려움을 잠시 잊고 쉬라는 것처럼 그렇게 내렸다. 시간에 쫓기던 강박 관념이 사라져 버렸다. 지금까지 스쳐 지나갔던 인연들이 잔잔한 그리움이 되어 가슴 가득 밀려왔다.

처마 밑에서 비를 긋던 시간이 얼마나 지났을까. 말갛게 씻긴 마음이 차분하게 가라앉아 있었다. 세상살이가 힘들 때마다 그것이 전부가 아니라는 것을 우리 주위에서는 늘 일깨워 주곤 한다. 자연이 내보내는 조화로운 선물, 그것과 어울려 만들어 낸 사람들의 의도적이거나 우연히 일어나는 일이 힘을 나게 했다. 어긋나지 않고 잘 맞물려 돌아가는 이것도 장자가 말하는 '무위자연'이라고 할 수 있지 않을는지?

나는 집으로 간다

밖에 있다가 집으로 돌아가며 '나는 집으로 간다.'라고 되뇔 때 기분이 좋다. 좋은 집을 가져서가 아니다. 그곳에 가면 모든 근심 걱정거리가 사라질 것 같은 안도감이 든다. 대궐 같은 집이건 단칸방이건 옷을 갈아입고 음식을 먹고 몸을 누일 수 있는 공간이 있다면 바로 그곳이 집일 터이다. 편안하고 따뜻하게 몸과 마음을 쉴 수 있는 곳 말이다.

십수 년 전 일이다. 시할머니가 병원에 가느라 우리 집에서 자고 간 적이 있었다. 할머니를 집에 홀로 두고 퇴근해서 돌아와 보니 주방에 물난리가 나 있었다. 수도꼭지를 잠그지 않은 것이었다. 한번 젖은 주방 가구는 복구되지 않았다. 수납장 아랫부분부터 썩고 부서지기 시작했다. 수리할 것을 고민하고 있을 때 어떤 이가 이사하는 게 훨씬 쉽고 빠르다고 우스갯소리로 조언해 주었다. 당시 어떤 아파트 광고였던 '나는 집으로 간다'라는 문구가 마음에 남을 때였다. 집이 주는 이미지를 안성맞춤으로 이용했다는 생각이 들었다. 그때가 쉰 살이었다.

천상병 시인은 늙어 가는 것이 서러운 게 아니라 아무것도 한 것이 없는 게 서럽다고 했다. 그러다 어느 날 밤 뒤척이며 쉰 살을 반추해 보니 텅 빈 것 같았던 자리에 새로운 꿈과 가슴으로 보는 눈이 생겼음을 알게 되었다고 시로 썼다. 나도 그랬다. 쉰이 넘도록 재산을 어떻게 늘리는지 전혀 관심도 없고 방법도 몰랐다. 누가 얘기해 주는 사람도 없었다. 봉급 받으면 그저 생활하는 데 쓰고 주택 자금 대출 갚아 나가는 일이 전부였다. 그러다 반백을 맞이하고 보니 저축해 놓은 돈은 한 푼도 없고 빚을 내 장만한 아파트 한 채만 달랑 있었다. 살아온 날을 처음으로 가만가만 돌아보다 참으로 오랜만에 진짜 감사한 일이 뭔지 깊이 깨닫는 시간이 찾아왔다. 집이란 자라고 나이 들며 역사를 만들어 내는 곳, 그제야 삶을 떨어져서 깊게 바라볼 수 있게 되었다.

집 근처에는 산을 끼고 있는 자그마하지만, 꽤 예쁜 호수가 있다. 그곳에는 산책길과 도서관이 있어 한꺼번에 좋아하는 일을 할 수 있다. 책을 빌려 팔에 안고 호수의 작은 다리를 건널 때마다 '나는 집으로 간다.'라고 속삭인다. 새도 깃들 집이 있고 거미도 집에 기대 사는 것이 정말 다행이라며 내 집으로 가는 길이 평화롭다. 달그락거리는 음식점, 왁자지껄 떠드는 맥줏집, 커피 향이 은은하게 배어 나오는 카페를 지나며 나는 집으로 간다. 그곳에 가서 창문을 닫으면 바깥세상은 멀리 떨어지고 나 자신만 남는다. 가족이 고맙고 자연이 감사하고 제 몫을 다하는 물건까지 기특하게 느껴지는 곳이 있어 좋다.

새로운 집에 이사한 지 십 년이 훌쩍 넘었다. 그동안 많은 일이 있었다. 이사하는 날 시부모는 미리 성주상에 시루떡을 올려 두어야 한다고 급히 오다가 차 사고가 났다. 그 일이 액땜이 되었는지 여러 일을 겪으면서 잘 살아 남았다. 세상 일에 크게 휩쓸리지 않고 잘 넘어갈 수 있도록 단단해지게 만들었다. 어른들은 다 떠났지만 남겨진 추억과 자취를 간직한 집은 남았다.

아직도 밖에서 집으로 돌아가는 길이면 나는 집으로 간다고 버릇처럼 말한다. 그 말은 시린 가슴과 지치고 힘든 몸을 달래 준다. 살아내느라 애쓴 나를 토닥토닥 위로해 준다.

내 조카 예성이

지난 추석에 흩어져 지내던 가족이 모였다. 한집에서 나기는 여덟 명인데 어른이 되어 들어오기는 서너 배 더하여 중년에서부터 어린 조카에 이르기까지 많은 식구로 붐볐다. 오랜만에 만난 가족과 느긋하게 이야기를 나누며 시간을 보내다가 조카들이 노는 걸 지켜보았다.

이제 막 가을 햇빛을 받아 조금씩 누른빛을 띠며 익어가는 감나무 언저리에서 아이들은 조개껍데기나 사금파리 조각으로 소꿉놀이를 했다. 형제 많은 우리가 자랄 때처럼 조카들이 그 뒤를 이어 같은 장소에서 같은 놀이를 하는 걸 보니 감회가 새롭다. 소꿉놀이를 마친 아이들이 불을 지핀 아궁이 쪽으로 달려갔다. 불을 헤집어 보다가 떨어진 풋감도 넣어 보고 은행알도 넣어 구워

보는 것이었다. 아마도 그들은 알게 될 것이다. 인생에서도 잘 구워져 사람을 기쁘게 해 주는 것과 구워지지 않아 실망할 수 있는 게 있다는 것을. 행복한 일에 미소 짓기도 하고 힘든 일에 속상할 때도 있다는 것을 겪게 될 것이다.

춥지도 덥지도, 차지도 기울지도 않는 초가을의 햇빛 속에서 아이들의 싱그런 목소리를 들으며 평화로운 시간을 즐기고 있을 때였다. 시골집은 마당이 있어 놀기에 참 좋다. 하지만 지대를 높여 지은 집이라 마당으로 내려가려면 마루, 토방을 거쳐야 한다. 두 살배기에게는 마음대로 왔다갔다하기에 불편한 점이 많았다. 그런데 예성이가 고사리 같은 두 손을 가지런히 짚고 배를 밀며 마루, 토방을 내려가는 것이었다. 넘어질까 다칠까 조심스럽게 행동하는 아이가 기특해 참 잘한다고 말해 주었다. 그러자 곁에 있던 유치원생 조카가 내 말에 더 큰 칭찬으로 추어주었다. "쟤는요, 밥도 혼자 잘 먹고요, 징징거리지 않고 혼자 잘 논대요."라는 말을 듣고 예성이가 누나를 쳐다보았다. 뭔가 좋은 말이란 걸 감지했나 보다. "그리고요, 얼마나 용감하다고요." 나이가 들어가면서 유난히 아이들이 더 귀여워 보이는 내가 그 말에 큰소리로 맞장구를 치며 좋아했다. "어머 그러니? 우리 예성이 대단하구나!"

그 말이 막 끝나자 예성이의 어깨가 쓰윽 올라가고 얼굴이 환하게 펴지는 것을 보았다. 그리고는 저속 촬영한 꽃처럼 눈이 반짝거리며 기쁨으로 벙글어지는 자잘한 떨림이 주위를 진동시키는 것이었다. 마치 그 모습이 〈마이크로 코스모스〉 영화를 보는 듯 너무나 생생했다. 말귀도 제대로 알아듣지 못하는, 돌 지난지 몇 달밖에 되지 않는 그 작은 아이가 칭찬하는 것을 알아들었다. 뭔지 몰라도 참 좋은 어떤 것이란 걸 느꼈으리라. 아직 낯을 가리느라 잘 따르지 않던 예성이가 내 말이 끝났을 때 달려와 찰싹 안겼다. 얼굴에는 흥분된 자랑스러움이 그대로 남아 있었다.

'칭찬은 고래도 춤추게 한다'고 한다. 마음 문이 저절로 열리게 하고 과학적으로 설명할 수 없는 에너지가 발생한다고 한다. 하물며 사람에게 있어서야 얼마나 큰 힘을 발휘할 것인가. 그 후로도 밥을 먹거나 잠잘 때 보니 고 작고 귀여운 몸짓이 나를 기쁘게 해 주었다. 오랫동안 아이들을 가르치며 살아 온 내가 이제야 칭찬의 힘을 제대로 깨달은 것 같았다. 늘 중요한 사실을 잊어버리고 사는 내게 큰 선물을 준 셈이다.

예성이는 어느새 멋진 청년으로 자랐다. 하지만 군대에서 고비를 맞이해 어려운 시기를 보내고 있다. 가족이 모이고 행사가 있을 때면 사람을 반기고 앞장서서 존재감을 드러내던 그 애가 마음을 열지 않는다. 지금 이 힘든 시기도 한 때일 것이란 걸 알지만 겪고 있을 마음자리가 따끔거리듯 느껴져 함께 아프다.

어린 시절에 그랬던 것처럼 등을 두들기며 말해 주는 칭찬 한 마디에 가슴을 쫘악 펴면 얼마나 좋을까. 인생길을 가는 데는 정해진 것은 없다. 어떤 때는 쉬웠던 게 어렵기도 하고 어려웠던 일이 쉬워지기도 한다. 상자를 열어 보기 전까지는 어떤 초콜릿 맛을 보게 될는지 알 수 없는 것이다. 젊어서 고생은 사서도 한다는 옛말처럼 지금이 좋은 경험으로 남길 바란다.

만년 사람들

시어머니가 가꾸던 텃밭을 정리하러 시골에 갔는데 언니한테서 전화가 왔다. 만년 마을 행사에 참여하려고 서울에서 전세 버스를 타고 내려가고 있다는 것이었다. 언니 얼굴도 보고 친정집도 둘러볼 수 있어 나도 가마고 했다. 고향 마을에 도착하니 황금빛 들녘이 먼저 반겨 주었다. 벼 이삭이 가을 햇살에 눈부시게 빛나고 있었다. 마을 앞이 북적여서 도로에다 차를 대 놓고 걸어갔다. 〈만년동 부흥계 유래비 제막식〉이라는 현수막이 푸른 가을 하늘 아래 나부끼고 있었다. 추석날 고향에 갔을 때 커다란 비석이 서 있는 걸 차를 타고 가며 지나쳤는데 바로 그 제막식을 하는가 보다.

마을 앞 정자 공터에는 사람들로 꽉 차 있었다. 몇 안 되는 젊은이와 노인들만 사는 동네에 타지에서 고향을 찾아온 사람으로 오랜 옛날처럼 왁자지껄 잔치 분위기가 무르익었다. 오랫동안 볼 수 없었던 선후배, 어린 시절에 봤던 아재, 아짐들이 그곳에 있었다. 마치 옛날의 결혼식 잔치를 보는 기분이었다. 생각지 못한 분위기에 깜짝 놀랐다. 그렇게 많은 동네 사람이 모인 게 학생 시절 이후로 마을을 떠났으니 본 적이 없는 것 같다. 먼저 방명록에 이름을 적었다. 기념품은 물론 거마비까지 챙겨 주었다. 당황스러워 찬조금을 내려 하니 오늘 행사는 그런 게 아니라고 했다. 비석 옆에는 화환이 줄지어 늘어섰고 맛있는 뷔페 음식이 뒤로 빙 둘러 준비되어 있었다. 흥을 돋을 밴드와 가수, 각설이도 대기하고 있었다. 탁자에는 여러 가지 음료가 놓여 있었는데 마을 근방 술도가에서 만든 막걸리가 눈에 띄었다. 이름이 '숲향 벼꽃 술도깨비'였다. 행사를 치르느라 분주하게 오가는 만년 사람들이 든든하고 고마웠다.

서로 인사 나누는 시간이 지나고 마을 부흥계 총무를 맡은 2년 후배가 제막식을 시작했다. 여든을 훨씬 넘긴 서울 사는 어르신, 면장, 비석 글씨를 써 준 서예가 등 내빈 소개를 마치고 식순을 제대로 갖춰 개회식을 진행했다. 고작, 마을 잔치였지만 그 어떤 자리보다 진지하고 자랑스러웠다. 그것은 바로 비문(碑文) 때문이었다. 마을 형세와 역사 등을 자세히 적은 유래비에는 그동안 그다지 마음에 두지 않고 살아온 내 뿌리가 있었다. 나를 풍요롭게 키워준 젖줄이 있었다. 시기는 1956년으로 거슬러 올라간다. 해방은 되었으나 마을은 너무나 빈곤하였다. 거기에다 6 · 25전쟁으로 좌익과 우익으로 갈려 반목질시가 심했다고 한다. 다행히 만년은 기존의 초계(草契)와 향호계(鄕好契)가 남아 있어 흩어진 민심을 모으는 계기로 부흥계를 만들었다. 쌀 한 두 되씩을 거둬 공유 재산을 만들어 마을 사람들의 친목과 진취 정신을 높이는 데에 사용했다. 그뿐만 아니라 학업을 장려하고 농법을 개선하며 축산업을 일으키고 장례식을 돕는 일로 지금까지 이어져 왔다고 한다.

당시에는 70가구가 넘었으나 지금은 겨우 30가구가 될까 말까 한다. 그나마도 홀로 사는 사람이 많다. 이제 농촌은 옛날의 영화를 다시 누리길 기대할 수 없게 되었다. 인구가 계속 줄어들어 언젠가는 마을이 사라질지도 모른다. 일찍 마을을 떠난 나처럼 사람이 근본이 되는 부흥계의 숭고한 정신을 잊어버릴 날이 언제 올지 몰라 그 유래를 비석에 새겨 기억하고자 적었다고 했다. 그제야 내가 6학년 졸업식을 마치고 중학생이 되기 전까지 옛날 서당이었던 집에서 동네 아저씨가 한자를 가르쳐 주었던 게 생각났다. 부흥계의 정신을 몸소 실천한 사람이라는 걸 깨달았다. 백발이 성성한 그가 축하 인사말을 했다. 앞에는 남해안

제일 높은 제암산과 뒤로는 용두산이 좌청룡 우백호로 두른, 호연지기를 가득 품은 천하의 길지로 인재가 많이 났으며 산 이름에 임금 두 개가 있어 앞으로 두 임금이 나타나리라 기대한다는 말에 모두가 손뼉을 치며 즐거워했다. 사법고시에 합격하여 법조계에 있는 후손들이 꽤 많다니 기대해 볼 만도 하다.

많은 세월이 흘렀다. 명절이면 꽹과리 치며 집집마다 지신밟던 어르신들, 상을 당하면 요령 소리 아슴하게 멀어지며 상여를 메고 가던 그들이 모두 저세상으로 떠났다. 그래도 아직은 '만년동 부흥계'를 잊지 않고 전승해 가려는 이들이 남아 있어 다행이다. 다시 도시로 돌아와 모두가 잘 살아가도록 서로 돕는 일이 얼마나 소중하고 고마운 것인지 새록새록 새겨 보고 있다.

그해 봄

•
•
•

코로나 시대를 생각하면 비대면으로 수업하던 일이 생각난다.

2020년 2월, 우리나라에도 코로나 감염증 환자가 본격적으로 늘기 시작했다. 처음에는 질병의 성격이나 원인을 알 수 없어 어느 지역 이름을 따서 '우한 바이러스'라 했다. 그러다 특정한 것에 부정적인 영향이 미치지 않도록 '코로나19'로 부르게 되었다. 전염이 잘되어 모였다 하면 급속도로 번지는 바람에 일상적인 생활이 멈춰 버리고 모든 시스템이 코로나 예방에 맞춰 돌아갔다. 나라 밖은 물론이고 지방을 오가는 일도 어렵게 되었다. 그러느라 학교생활도 많이 달라졌다. 3월 개학은 4월 중순 무렵이 되어서야 이루어졌다. 그동안 학교는 학생들 없이 운영되었다.

선지자들은 언젠가는 그런 날이 올 것이라 예상했는데 다만 시기가 앞당겨졌다고 했다. 누군가 방아쇠 당겨주기를 기다리고 있기나 한 것처럼 그렇게 되었다. 긴급 돌봄이 필요한 몇몇을 제외하면 교정의 벚꽃이 흐드러지게 피었다가 사라질 때까지 학생을 볼 수가 없었다. 대신 비대면 수업을 진행하는 데 필요한 것을 구축하는 일로 숨가쁘게 돌아갔다. 아이들의 전자 기기를 조사해서 집으로 교과서와 태블릿피시를 배달하고 줌에 가입하고 이용하는 법, 비대면 수업 방법 등을 연구했다. 일주일이 지나서 드디어 줌 수업이 시작되었다. 첫날 수업은 그야말로 천태만상이었다. 잠옷이나 내복을 입고 이불을 뒤집어 쓰고, 장난감을 앞에 두고 수시로 흔들어 대거나 화면에 콧구멍을 갖다 대며 장난을 치며, 공부 시간 중에 간식을 먹는 아이도 있었다. 모두가 처음이라 빚어진 해프닝이었다. 다음 날은 규칙을 정했다. 효율적인 인터넷 사용 방법을 익히고 나서 등교할 때처럼 옷을 단정히 입고 공부 시간에 예절을 지킬 것을 약속했다.

하루하루 지날수록 새로운 시스템에 불안하고 두려웠던 마음이 사라졌다. 정해진 일과에 익숙해지면서 별다른 변화 없이 평화롭게 가르칠 수 있게 되었다. 생활 지도를 하지 않으니 신경 쓸 일도 별로 없고 업무도 거의 할 게 없었다. 학부모는 물론 외부인 출입 금지가 되다 보니 민원도 사라져서 오히려 우리 학교는 코로나 덕에 그야말로 요순시대가 되었다. 사실 이전에는 학교 규모는 제일 작은데 학교에서 들어줄 수 없는 요구가 많은 지역이었다. 교실 시시티브이(CCTV)를 다는 것부터, 학교운영위원회 운영까지 자꾸자꾸 문제를 제기하는 바람에 이러지도 저러지도 못하고 있는 판이었는데 학교로서는 야누스의 뒷머리를 잡은 것이나 다름없었다. 간섭을 받지 않은 채 교육을 하는 일은 소신에 날개를 다는 일이었다.

점심시간은 더없이 즐거웠다. 각자 집에서 반찬을 준비해 와서 나눠 먹었는데 매일이 생일날 같았다. 두 사람씩 당번을 정해 밥과 국을 준비했고 설거지까지 했다. 가지고 온 반찬을 탁자에 줄줄이 늘어놓으면 각자 접시에 덜어 먹었다. 메뉴가 겹치지 않은 게 신기했다. 생전 처음 장떡도 먹어 보고 귀한 새우장도 맛있게 먹었다. 시어머니께서 매운 고춧가루를 잘못 쓰는 바람에 먹지 못하고 묵혀 두었던 배추김치도 잘나갔다. 평생 맛보지 못할 동료 교사들의 가정 음식이 보물처럼 입가에 닿았다. 오전 내내 숨죽이듯 고요한 교실에 있다가 점심시간이 되면 웃음을 띤 환한 얼굴을 마주 볼 수 있었다. 서로 만날 수 없어 그리운 마음을 발코니에서 아리아로 부르던 이탈리아 서민의 정서가 이런 것이었을까. 몇 개의 공간에서 삼삼오오 모여 밥을 먹었지만 배가 부른 만큼 우리가 연결되어 있다는 안도감이 충만하게 만들었다.

점심을 먹고 나면 운동장을 걸었다. 학생들이 있었다면 잡무 처리하느라 누리지 못했을 여유였다. 연하디연한 새잎이 돋아나고 작디작은 들꽃이 피어나는 것을 들여다보며 벚꽃이 휘날리는 교정에서 화창한 봄날을 만끽할 수 있었다. 중국 공장들이 멈추자 미세 먼지가 사라지고 맑고 깨끗한 공기에 하늘이 푸르렀다. 교직 생활을 시작한 이후로 처음 맛보는 한낮의 고요한 운동장과 쏟아지는 햇살은 하늘이 내려 준 선물 그 자체였다. 사람 모이는 곳엔 가지 말라는 교육청의 엄명도 있었지만 텅 빈 극장에서 두서너 명 앉아 영화를 보는 맛은 더욱 쏠쏠했다. 〈작은 아씨들〉, 〈조조 래빗〉 등은 늘 그것과 함께 기억될 것이다.

그해 봄, 코로나로 누군가는 괴롭고 힘든 처지에 갇히기도 했지만, 누군가는 다시 누리지 못할 추억을 맛봤다.

공생 관계

주말이면 온 가족이 모여든다. 여전히 독립하지 못한 성인 아이들이 집을 찾아든다. 10여 년 전에는 제 갈 길 찾아서 뿔뿔이 흩어질 줄 알았다. 아들은 군대로, 딸은 다른 지역 대학으로 가버려서 부부만 남았기 때문이다. 그런데 아들이 제대하고 딸은 졸업해서 집으로 되돌아왔다. 캥거루족이 된 것이다. 빈 둥지 증후군을 제대로 느낄 새 없이 가족의 역할이 조금씩 바뀌어 갈 뿐 몇십 년을 함께하고 있다. 서양에서는 18세 이상이 되어서도 부모에게 의지하는 것을 부끄럽게 여긴다는데 옛날로 치면 혼기도 훌쩍 넘겼다. 나 때만 해도 두 아이를 키우느라 정신없을 나이이다. 한 세대가 달라지니 풍경이 정말 많이 바뀌었다.

금요일 저녁이면 아이들은 하는 일이 정해졌다. 서로 귀지를 파주는 것이다. 어렸을 때 친가에서는 막내 고모가, 외갓집에 가면 막내 이모가 무릎에 뉘어 놓고 부드러운 손길로 귀를 살살 간질였다. 둘 다 간호사였는데 성향이 비슷했던지 그런 식으로 조카를 예뻐하고 귀여워했다. 아이들은 그런 서비스를 무척 좋아했다. 다시 만날 날을 잔뜩 기다리곤 했다. 이모와 고모가 차례로 결혼한 이후로는 그런 사랑을 베풀어 주지 못하게 되어 너무나 아쉬워했다. 그 시절을 떠올리면 아직도 행복해진다며 그때를 최고의 추억으로 꼽는다.

시작은 큰애가 먼저 했다. 직장생활을 하며 주말에 집에 오면 엄마에게 부탁하더니 나중에는 동생에게 용돈을 주는 의미로 귀를 맡기기 시작했다. 한 사람은 편안한 시간을 보내서 좋고 한 사람은 돈이 생겨서 좋고 마치 흰동가리와 말미잘 같은 공생 관계가 생겼다. 그러다가 동생도 직장생활을 하게 되면서 서로 서비스해 주었다. 한 사람은 살살 세심하게 다른 한 사람은 시원하게 해 준다. 어느 사이에 귀이개가 많이 늘어났다. 손톱깎이 세트에 들어 있는 것으로는 싫증이 났는지 눈에 띄는 귀이개가 있으면 사다 날랐다. 대나무로 만들어진 것, 솜털이 붙어 있거나 기다란 나무 끝에 딸랑이가 붙어 있는 것 등 다양하다. 싼 가격으로 여러 가지 감각을 느껴 보는 일도 재미있겠다.

귀지를 파내려면 정말 섬세한 손길로 정성을 다해야 해서 상대방을 배려하지 않으면 안 된다. 신뢰하지 않으면 맡길 수도 없다. 거기에다 무릎베개에 누우면 긴장감이 사라지고 마음이 안정되기도 한다. 어렸을 때부터 아들은 만족스러우면 입꼬리가 올라가고 딸은 발가락을 까딱거리곤 했다. 남매는 그런 반응을 살피며 주간 행사를 마친다. 사람과의 관계나 직장생활 이야기를 도란도란 나누며 편안함을 즐기는 걸 보면 '이렇게 스트레스를 풀 수 있구나' 싶어 안도감이 든다.

둘은 자랄 때 자주 으르렁거리고 싸웠다. 큰애는 동생이 못마땅한 게 자주 보였고, 동생은 거칠고 기분을 고려하지 않는 오빠가 싫다고 했다. 맞벌이 부모를 대신해서 동생을 보살펴야 하는 의무를 지다 보니 아마도 큰애는 동생을 많이 윽박질렀을 것이다. 조금만 신경을 거슬러도 잘 참지 못했던 둘째는 성인이 되어서 그때 심경을 가끔 이야기한다. 그럴 때마다 큰애는 미안하다며 몇 번이고 용서를 빈다. 힘으로는 해결할 수 없었던 질풍노도 사춘기 시절이 지나고, 취업 전선에 밀려 앞날이 캄캄하던 불안한 20대를 보내고 나서야 소중한 것이 무엇인지 알게 되었나 보다. 성인이 되어 직장 일을 함께 고민하고 서로 의지하며 사이가 좋아졌다. 어떻게 살아야 잘 사는 건지 도란도란 얘기 나누며 좀 더 성장하는 것 같다. 결혼하고 나면 상대방을 이해할 기회가 사라져 버릴지도 모르는데 그러기 전에 관계를 회복하게 되어 참 다행이다.

아주 적은 노력으로도 소소한 행복을 얻는 일은 두루두루 평화롭고 보기 좋다. 이젠 어서 새로운 가정을 꾸려서 배우자에게 그리해 주면 정말 좋겠다.

삶의 평준화

•
•
•

'지금 어디쯤 오고 있니?'

'막 전주 지났어. 빨리 보고 싶다.'

서울과 순천의 중간인 대전에서 오랜만에 친구들을 만나기로 했다. 마음이 앞서가느라 휴대전화의 메시지가 바쁘다. 멀리 들판을 바라보니 황새들이 여유 있는 날갯짓으로 아침 햇살을 퍼뜨리고 있었다.

여섯 명이 완전체로 만나는 여행이 몇 년 만인가. 안개를 헤치고 집을 나서면서 이틀이나 집을 비울 것이 미안했지만, 기차를 타고 가는 동안 내내 오랜만에 만나는 친구들의 모습이 어떨지 설레서 혼자 헤실거렸다. 생활 속에 묻혀 잊어버리고 살아온 게 어느새 강산이 두 번이나 변했을 시간이 흘렀다. 이곳저곳에서 직장 생활하느라, 결혼해서 아기 키우느라 친구들을 만나지 못한 지가 어언 이십 년이 다 되어 간 것이다. 그 세월을 돌아보면 영양분 없이 말라가는 나뭇가지 같다. 주변의 풍경은 자꾸 변해 갔지만 나는 낡은 쪽으로 아득해져만 갔다.

역에 도착하니 친구들이 모여들기 시작했다. '야, 얘들아!' 교사 티가 팍팍 나는 말투로 친구를 부른다. 세월은 흘렀지만 옛 모습 그대로다. 다만 눈가에 늘어난 잔주름이 그동안 흐른 세월을 말해 주는 듯했다. 나 또한 세월이 비켜 갈 수 없었기에 그들을 통해 나를 가늠해 보기도 했다. 옅게 늘어가는 주름도 축 처져가는 뱃살도 별로 부끄럽지 않은 나이가 되었다. 같이 나이 들어가는 모습은 코르셋을 벗어버린 것 같은 해방감을 가져다주기도 했다. 우리는 만나는 순간부터 시위를 떠난 화살처럼 재잘거렸다. 길을 가면서도 음식을 먹으면서도 풀어 놓고, 또 풀어 놓고 끊임없이 이야기를 풀어 놓았다. 편안하게 이야기만 나눌 수 있다면 어디라도 좋았다. 아무 데나 눈에 띄는 민박집을 찾아가서 몸을 뉘었으나 그만 밤을 꼬박 새우고 말았다.

사십 대 후반에 들어선 아줌마들의 살아가는 이야기는 별것이 없다. 다만 비슷비슷하게 살아온 것에서 공감대가 많았다. 아직은 그랬다. 다행히 자식이나 남편, 돈 자랑하는 친구가 없었다. 언젠가 격차가 생긴 저울대 위에 설지라도 자신들이 옳게 살아왔는지 좀 더 근사하게 살 방법은 없는지 묻지도 따지지도 않았다. 논쟁이 될 만한 이야기도 빠졌다. 그저 단순하게 말하고 듣기만 했다. 어떤 학자는 하루 사용하는 낱말이 평균 2만 5천 자가 넘는다고 했다. 우린 그동안 어떻게 수다를 참아 왔을까. 그날은 거침없이 말을 쏟아 냈다. 온몸이 가벼워지는 것 같았다. 누구와도 견주지 않고 서로 판단하지 않아 마음을 치유하는 약이 되었다.

우리가 처음 만났을 때는 모두 다 평범한 학생이었다. 미래에 가질 직업이 똑같은, 잴 것도 말 것도 없는 고만고만한 조건들을 가진 그런 친구들이었다. 성격도 모난 데 없이 둥글넓적해서 한 콩깍지 속에 들어 있는 듯 편안했다. 하지만 조금씩 조금씩 살아가는 모습이 달라지고 있었다. 몇 년 전까지만 해도 한 친구는 남편의 사업 실패로 연락이 두절되었고, 또 한 친구는 건강이 좋지 않아 여행할 수 있는 형편이 아니었다. 시부모와 함께 사느라 바깥출입이 자유롭지 못한 친구도 있었다. 나만 해도 한동안 성대 결절로 전화 통화하기도 힘들어 소식조차 제대로 나누지 못한 채 지냈다. 삶의 무게에 압사당하지 않고 견뎌온 우리가 대단했다.

어느새 산속 민박집에 희부연 새벽빛이 비쳐 들었다. 딴 세상을 만난 듯 상쾌했다. 밤새 쏟아냈던 언어들은 흔적 없이 사라지고 말간 새벽 기운이 몸속 깊이 스며들었다. 어떤 이의 가슴에도 두지 않고 먼지처럼 허공 속으로 사라져 버린 시간이 새날을 물고 왔다. 지켜야 할 의무나 책임에서 멀리 벗어나 홀가분한 자유를 다시 한번 느끼게 해주는 날이 밝아온 것이다. 남편이나 자식, 지위나 재산 등, 우리를 둘러싼 조건에 매여 있는 보잘것없는 삶을 떠나 같은 길 위에 있으니 그 무엇인들 상관있겠는가. 문득 그런 생각이 들었다. 누구나 길 위에 함께 서 있을 때 삶의 평준화는 이루어지는 거라고. 그래서 여행은 인생의 평준화를 찾아가는 길일 거라고.

조상님께 빈다

친정 엄마는 가고 없지만 남겨 놓은 장독에는 그대로 이어 오는 장(醬)이 있다. 그래서인지 아직도 옛 어른들과 연줄을 놓지 않고 있는 느낌이다. 어머니가 침상 생활을 하는 동안에 돌봐 주던 언니들이, 말로 배운 방법대로 장을 담가 명맥을 유지하고 있기 때문이다. 예전과 다름없이 맛있게 익은 것을 팔 남매가 고루고루 나눠서 잘 먹고 있다.

처음 장을 담글 때 과연 된장, 간장, 고추장이 잘 뜰지 의문스럽게 기다리던 생각이 난다. 엄마는 보지 않고도 '소금을 더 넣어라, 물을 더 부어라.' 지시를 내렸고 그렇게 했더니 정말 맛있는 장이 되었다. 걱정을 떨치고 잘 익어서 정말 다행이었다. 마치 고향을 지켜낸 것 같은 기쁨이었다. 엄마가 만든 것보다 더 맛

있어서 놀라기도 했다. 조상 덕이었던지 아니면 온갖 정성을 다 해서인지 어쨌든 몇 년간은 성공한 장맛으로 뿌듯했었다.

그동안 순항이던 장담그기가 올해는 걱정이 많이 된다. 조상님들이 계속 장맛을 지켜줄지 의문이다. 다섯 해째 담그지만, 올해 만든 메주는 뭔가 이상하다. 그동안 실수하지 않고 순조롭게 진행된 것은 요행이었다. 산전수전 겪고 나면 그 분야에 전문가가 되듯이 이번 일로 뭔가를 배우게 된다면 장담그기가 한 단계 진급하는 거다.

작년 가을, 마을에서 수확한 콩을 사다가 메주를 쑤었다. 형부는 따로 만들어 놓은 야외 아궁이에 가마솥을 걸고 장작으로 불을 때서 부드럽게 콩을 삶았다. 아주 잘 익어서 갓 만들어 낸 두부보다 더 살아있는 콩맛이 났다. 몇 번이고 상태를 확인하며 불 조절을 잘 해냈기 때문이다. 장작불을 지피는 것은 형부의 취미다. 옻닭을 삶거나 곰국을 끓이거나 나물 데쳐내는 일을 도맡아서 한다. 이제는 장인에 가까워져서 똑떨어지게 삶아내니 완전히 만족스럽다. 아무리 식구가 많아도 먹을거리는 어렵지 않게 장만할 수 있다.

잘 익힌 메주콩을 방앗간에 맡겨 갈아왔다. 절구로 찧기도 하고 비료 포대 안에 넣고 밟아서 부드럽게 으깨기도 했던 예전에 비해 엄청나게 쉬워졌다. 두 쪽으로 나눠진 콩 모양 없이 잘 갈렸다. 네모로 알맞게 빚어서 잘 마르라고 뜨뜻한 방에 지푸라기를 깔고 널어 두었다. 짚에는 고초라는 바실러스균이 있어 메주를 잘 발효시켜 준다고 한다. 하나하나 뽀얗고 말쑥해서 깎아놓은 밤톨같이 예뻤다. '올해도 된장 농사 잘되겠구나!' 흐뭇했다. 12월에 김장하느라 친정집에 식구들이 모였을 때 색깔도 선명하고 깨끗하게 말라가고 있어 하나같이 메주 예쁘단 말을 했다.

그런데 웬걸. 설에 식구들 다 떠나고 둘째 언니네와 간장을 담그려고 메주를 세상 밖으로 내놓았는데 그렇게 예쁘던 몸에 까만 큰 점들이 많이 보이는 게 아닌가. 아니, 이게 어떻게 된 걸까? 푸른곰팡이는 몸에 좋은 거지만 까만 곰팡이는 썩었다는 증거다. 보관에 뭔가 문제가 생겼던가 보다. 까맣게 된 부분을 도려내고 깨끗이 씻어 소금물에 담가 두었다. 좋은 메주였다면 쉽게 끝났을 일을 몇 배로 힘들게 했다. 쪼그려 앉아 일을 끝내니 허리가 휜 것처럼 뻐근했다. 한 달이 지나고 봄이 오면 전통 간장이 탄생할 것이고 거기서 메주를 건져 된장을 담그면 내년에 맛있게 먹을 수 있을 터였다.

큰언니가 일본 여행에서 돌아왔다. 그제야 실체를 파악했다. 잘 뜬 메주 보관하는 법을 인터넷에서 읽고 그렇게 했더란다. 메주 상태를 자주 확인해야 하는데 여행하는 동안 그럴 수 없어 비법을 알아보았던 모양이다. 담요로 잘 감싸서 보관하면 된다고 알려 준 대로 이불로 잘 덮어 안방에 두었다는 것이다. 메주는 미생물이 살아 있어 적당한 온도와 습도 유지가 필요하다. 그리고 오염되지 않도록 깨끗한 곳에 보관해야 한다. 말이 쉽지 웬만한 내공 없이는 맞추기 어려운 게 '적당히'라는 것이다. 하여튼 담요로 꽁꽁 싸버린 통에 숨을 쉬지 못해 미생물이 죽어 버렸던 거다. 아무도 집에 없지만 난방 온도를 따뜻하게 맞추기만 했어도 별 탈은 없었을 거란 걸 알게 되었다. 그 말을 들으니 미생물이 살려 달라고 소리치는 게 들리는 듯했다.

어쨌든 올해도 조상 덕으로 장맛이 살아나면 좋겠다.

3부

새로운 바람

우린 자주

새로운 바람이

필요하다.

암시랑토 안 해요

가끔 떠올리는 말이 있다. 내가 여학생이었을 때 주변 사람들이 배꼽을 잡고 웃었던 기억 때문에 이 말은 내게 힘을 주기도 하고 슬며시 미소를 짓게도 해준다.

당시에 인기가 많았던 수학 선생님이 아파서 학교에 나오지 못한 날이 있었다. 퇴원해서 집에 있다는 말을 듣고 친한 친구 몇몇이 병문안을 가게 되었다. 선생님의 하숙집을 알고 있던 친구를 따라 폐 끼치는 일인 줄도 모르고 가서 뵈어야 한다는 생각으로 무조건 찾아갔다. 순수하기 짝이 없던 내 눈에 선생님은 키가 크고 잘생겼으며 근거도 없이 멋있게만 보였다. 선생님 댁을 방문한 일이 처음이었기에 행동 하나하나 조심스러워 깜박 방문 목적조차 잊어버렸던 듯하다. 묻는 말에 겨우 대답 정도나

하고 있을 때 하숙집 주인이 과일을 내왔다. 황송해서 발도 제대로 뻗지 못하고 무릎을 꿇고 있으려니 선생님께서 편하게 앉아 먹으라고 말했다. 그때 내 입에서 터져 나온 말이 "암시랑토 안 해요."였다.

너무나 자연스럽게 흘러나와 나도 깜짝 놀랐다. 속으로 엄청 좋아하던 사람 앞에서 촌티 줄줄 나는 사투리라니, 선생님은 박장대소하며 웃었고 친구들은 깔깔거렸다. 나는 방귀 뀐 사람처럼 민망스러웠으나 분위기는 화기애애해졌던, 아련한 추억으로 남아있는 이 한마디는 생명을 가진 말처럼 내 기억 속에 늘 살아있다. 이 말을 자꾸 되뇌다 보면 어려운 일이 쉬이 풀리는 기분이다.

아무렇지 않다는 뜻을 가진 이 사투리는 우리 어머니가 자주 쓰던 말이었다. 형제가 많은 집에서 우리는 옷을 고스란히 물려받으며 자랐다. 어머니는 낡아서 해진 옷을 기워 입힐 때마다 불평하는 우리에게 '암시랑토 안 하니 그냥 입고 댕기라'는 말을 자주 했다. 큰언니부터 넷째인 내게까지 내려온 옷은 얼마나 많이 기운 것일까. 그때마다 어머니는 이런 말을 얼마나 자주 썼을까. 넉넉지 않은 살림살이에 많은 식구를 건사해야 했으니 헤아릴 수 없이 많이 쓰셨을 터이다. 우리 어머니는 몸이 약해서 건강한 사람들이 일을 척척 잘 해내는 걸 보면 엄청 부러워했다.

그런데도 큰 살림을 잘해온 것은 힘든 일을 암시랑토 않게 여기는 정신력이 한몫했을 것이다. 내가 긍정적인 성격을 가지게 된 것은 그런 말을 많이 듣고 자랐기 때문이고 순응을 잘했기 때문인 것 같다. 은연중에 웬만한 일에는 그렇게 살아가는 방식을 익혔던 게다.

몇 년 전에 아들이 매우 아팠던 때가 있었다. 면역력이 떨어져 건장한 청년인데도 생수병 하나 들 힘조차 없었다. 걷는 것도 힘들어 집에만 머물러서 보고 있으면 애간장이 타들어 갔다. 너무 힘들어서 죽고 싶다고 말할 때는 심장이 쿵쿵 무너져 내리기도 했다. 그때 견딜 방법은 바로 이것이었다. 엄마가 흔들리면 아이는 더 흔들릴 것이기에 마음속에 기도처럼 꾹꾹 눌러둔 말이었다. 바람에 흔들리지 않도록 잡아주는 버팀목이었다. '괜찮아, 이겨낼 수 있어.' 마음을 단단히 먹고 할 수 있는 한 힘껏 그 시기를 넘겼다.

그때 일을 떠올리면 가슴 아프지만 그래도 이제는 편안하게 이야기할 수 있다. 세월이 흐르니 결국 조금씩 잊게 되고 언제 그랬냐는 듯 지낼 수 있게 된 것이다. 어떤 일이라도 그 앞에서 아무렇지 않다고, 괜찮다고 자기 암시를 하다 보면 정말로 어느 순간에 문제가 풀려 있는 걸 발견하게 된다. 어떤 이는 내가 너무 무던하다고 할지 모른다. 그래서 개성도 없고 매력이 없다고.

그런들 어떠랴. 생긴 대로 살아가는 것이 내 삶의 방식이 되었고 그게 자연스럽고 평화롭다.

귀엽고 예뻤던 여고 시절, 불쑥 튀어나와 주변 사람을 웃게 했던 '암시랑토 안 해요.'란 말을 떠올리는 한 괜찮을 것이다. 이 말을 하고 나서 귓불을 빨갛게 물들이던 순수했던 소녀가 아직 가슴에 살아 있으니.

느림보

약속 시간이 다 되어간다. 어려운 자리라 적어도 5분 전에는 도착해 있어야 하는데 오히려 더 늦게 생겼다. 할 수 없이 걸어서는 못 가니 남편더러 차를 태워 달랜다. 남편이 소리친다. "당신은 참 느림보야!"

난 늘 그래왔다. 일도 느리고, 말도 느리고, 밥 먹는 것도 느리다. 그래서 출퇴근도 느리다. 좋은 사람을 놓치고 좋은 기회도 놓친다. 어디서 사은품을 나눠 줘도 남들 다 받는 걸 느릿하다가 동이 나서 못 받는다. 주위를 둘러보면 나 혼자 남아 있을 때가 많다. 빠릿빠릿하지 못해서 손해 볼 때도 많았을 테지만 나는 손해 본다고 생각하지 못한다. 그러니 맨날 느릴 수밖에 없다.

나도 빨라지고 싶긴 하다. 다른 사람들 관점에서 바라보면 속이 터질 것을 알기 때문이다. 마음은 바쁜데 저만치 뒤처져 오고 있는 느림보는 얼마나 촌스럽고 답답하겠는가? 앞으로 쭉쭉 나아가도 시원찮은 판에 기다려 주기가 쉽지 않을 것이다. 나만큼 느리거나 느림의 미학을 가지지 않고서는 이해하기 어려울 것이란 걸 알지만 할 수 없다. 내 호흡대로 갈 수밖에 없다. 다행한 건 나의 느림이 때로는 남에게 배려가 되고 사려 깊은 행동이 될 때가 있다. 속도가 맞지 않으니 아예 경쟁 상대가 되지 않고 다툴 필요가 없다는 점도 좋다. 남편도 느림보라고 핀잔을 주긴 하지만 내 안에 가두지 않는 자유를 느낄 것이다. 애꿎게도 그러려니 할 수밖에 없을 것이다.

나는 패닉이 불렀던 〈달팽이〉란 노래가 참 좋다. 감히 느림보 달팽이가 언젠가 더 넓고 거친 세상 끝 바다로 갈 거라고 속삭인다. 아무도 보지 못한 기억 속 어딘가 들리는 파도 소리 따라서 뜨거운 태양 아래서조차 바다로 가는 걸 멈추지 않을 거란다. 작은 힘을 다해 바다를 건널 거라고 하니 얼마나 야무진 꿈이며 변치 않는 사랑인가.

나도 그런 달팽이처럼 살고 싶다. 그저 느림보라면 가치 없는 습성일 뿐일 테지만 달팽이에게는 꿈이 있다. 여기저기 돌아보며 맛보고 즐기다가 아니다 싶으면 방향을 바꾸면 된다. 꿈이 있으니 즐거울 것이다. 어떤 고난도 그곳으로 들어서기 위한 장애물일 테니 어찌 소중하지 않으며 아름답지 않겠는가. 나의 느림을 너무 잘 알고 있기에 그렇게 위안을 해본다. 느리다고 열정이 없는 것이 아니다. 단지 다른 사람들보다 조금 더 늦을 뿐이다.

'근심에 가득 차, 가던 길 멈춰 서서 잠시 주위를 바라볼 틈도 없다면 얼마나 슬픈 인생일까?'라고 노래했던 윌리엄 헨리 데이비스의 〈가던 길 멈춰 서서〉에서 보듯 느림은 오히려 축복이다. 아침에 일어나서 밤에 잠들기까지 느림보인 덕에 누릴 수 있는 것들이 참 많다. 천천히 길을 지나며 찬찬히 살피다 보면 아름답고 놀라운 것들을 발견한다. 몸을 숙여야만 보이는 작은 풀꽃부터 눈을 들어 올려다봐야 시야에 들어오는 나무까지 사시사철 조금씩 다른 모습을 볼 수 있다. 하늘의 빛깔이 시시각각 같은 날이 없으며 바람의 강도도 순간마다 달라진다. 마음의 고동이 천천히 물결치기 때문에 바라보고 발견하고 생각하고 느낄 수 있는 것들이 정말로 많은 것이다. 그것은 늘 곁에 있지만 지나쳐 가고 놓쳐버리기 쉬운 것들이다.

남에게 손해가 되지 않는다면 난 앞으로도 느리게 갈 것 같다. 개울물처럼 돌멩이마다 껴안고 돌면서 느리게 삶을 노래하고 싶기 때문이다.

두 바퀴 사랑

처음 자전거를 타던 날의 기억이 또렷하게 남아 있다. 중심을 잡지 못해 몇 번이나 넘어지다가 바퀴가 앞으로 굴러가게 된 순간, 콩닥콩닥 방망이질 치던 두근거림과 얼굴에 스치던 상쾌한 바람이 생생하다. 두 바퀴로 달린다는 건 내게 혁명이나 다름없었다. 자전거는 받침대가 없으면 세울 수조차 없는 물건으로만 생각해 오던 내가 자전거에 올라타는 것부터 시작해서 넘어지지 않고 앞으로 나아갈 수 있게 되었을 때 안겨 오던 기분은 소유할 수 없는 세계를 가진 것처럼 뿌듯했다.

자전거를 타기 시작하면서 주말이 달라지기 시작했다. 일에 매여 있지 않은 날에는 자전거를 끌고 무조건 밖으로 나가고 싶어졌다. 마치 연애하듯 자꾸 자전거 생각이 나고 푸르게 스쳐가던 바람과 하늘을 날던 새들과 길가에 피어나는 작은 꽃들까지 자꾸만 자꾸만 떠올랐다. 아침 햇살은 어찌 그리 맑고 예쁜지, 잠에서 깨어난 자연이 어찌 그리 즐겁게 세상을 맞이하는지 새삼스럽게 느끼며 주말을 즐기다 보니 세월이 쏜살같이 달려가는 느낌이었다. 그렇게 자전거 타는 걸 좋아하는 나를 보고 남편은 섬진강을 달려 보자 했다. 아직도 자동차나 사람을 지나치는 게 두려워 잔뜩 긴장하며 달리느라 손에 마비가 올 정도지만 오래전부터 어떤 경로로든 섬진강 라이딩을 꿈꿔왔던 터라 도전해 보기로 했다.

승용차에 자전거를 매달고 배알도를 찾았다. 그곳에서부터 임실에 있는 섬진강댐에 이르는 섬진강 길은 전국 자전거길 가운데 가장 자연미를 잘 살린 코스로 종주하려면 이틀이 걸린다고 한다. 배알도 수변공원에 있는 4대강 국토 종주 자전거 인증센터에서 재미 삼아 인증 수첩을 샀다. 그리고 자전거 여행의 첫 페이지를 이렇게 적어 보았다. '꿈을 꾼다는 건 아름답다. 내 인생의 또 다른 도전! 가슴이 설렌다.' 정말로 은빛 비늘처럼 반짝이는 섬진강 물줄기를 따라 그 길을 달릴 생각을 하니 심장은 쿵쾅거리고 다리에 힘이 쑥 빠질 정도로 가슴이 설렜다. 더구나 때는 혼곤하게 매화꽃이 벙글어지는 봄이었다. 하지만 마음만 가지고는 쉽게 되지 않는 현실이 있다.

행장을 차리고 자전거에 올라 첫 페달을 밟으니 바로 공사 차량이 많은 경사진 도로와 높으덩하게 솟아 있는 태인대교가 눈에 들어왔다. 그걸 보니 갑자기 피로해지고 용기가 꺾였다. 그러나 물러설 방법이 없다. 소심하게 붙어 있던 간담을 달래 어찌되었든 앞으로 나아가야 했다. 인생은 태어난 이상 좋든 싫든 현실에 놓인 장애물을 감수하며 헤쳐 나가게 되어 있다. 그러다 보면 어느새 어른이 되어 있지 않던가. 자전거 타는 것도 길을 따라 멈출 때까지 가야만 한다. 몇 번의 난관을 거치다 보면 나도 모르게 쉬워진다. 어른이 되어가면서 알게 되었던 작은 진리를 새삼스럽게 자전거 길에서 또 배운다.

한참을 달리니 상징적으로 만들어진 커다란 빨간 우체통 집이 있는 '하늘의 강 쉼터'가 있었다. 그 길을 지나가지 않았다면 도무지 알 수 없는 그곳에서 처음으로 쉬었다. 바다와 하늘이 만나는 섬진강, 마음의 편지를 보내는 곳이라 적혀 있었다. 내 인생의 봄날은 늘 지금이라고 마음에 새기는 편지를 미래의 나에게 보냈다. 두 번째 쉼터는 그리운 추억 같은 짜장면을 파는 신원반점이었다. 허름한 가게지만 정답게 식사하는 사람이 많이 있었다. 소박한 그들과 어깨를 맞대다시피 점심을 먹고 나니 새로운 힘이 솟았다.

다압면에 접어들어서니 내리 매화꽃길이었다. 내가 가장 꿈꾸었던 것이었다. 원 없이 눈물겹도록 아름다운 길을 달렸다. 그러다 보니 어느 순간 신기루처럼 부옇게 뜬 꽃구름 위를 날고 있었다. 자전거 두 바퀴는 꽃길을 따라서 오르락내리락 섬진강 물결처럼 흘렀다. 오르막길이 있으면 내리막길도 있다는 인생의 평범한 진리를 누리며 꽃길을 정처 없이 흐르다 보니 노을이 지고 있었다. 일이 있어 중간에 되돌아왔지만 하루가 봄처럼 아름다웠다. 그 속에 두 바퀴로 함께 굴러가는 남편이 있었다.

실수는

•
•
•

오랫동안 꿈꾸어 오던 섬진강 종주 길에 나섰다. 능숙하지는 않지만 그래도 2년째 주말마다 탔으니 도전해 볼 만하다 싶었다.

곡성역에 차를 대고 무궁화 기차에 자전거를 올려 싣고 임실역에서 내렸다. 여기서부터 총길이 97km를 하루에 달리는 거다. 자전거 길을 찾아 강진면 소재지를 조금 벗어나니 섬진강이 나왔다. 날씨도 좋고 바람도 선선한 가을이었다. 강과 어우러진 풍경이 기막히게 아름다웠다. 그 길을 룰루랄라 달리다가 그만 자전거에서 꽈당 떨어지고 말았다. 입을 찧어서 살갗이 벗겨지고 피가 났다. 천만다행으로 다른 데는 다친 곳이 없었다. 상비약으로 임시 처방을 했지만, 입술이 퉁퉁 붓고 한참 동안 욱신욱

신 쓰라렸다. 일행이 걱정을 많이 해서 엄살을 피울 수도 없고 우는 것도 창피해 꾹 참고 묵묵히 길을 갔다. 그러다 문득 잊고 지냈던 어머니가 떠올랐다. 어려운 일이 있을 때마다 떠오르는 어머니는 나에게 종교 같은 존재다. 무사히 목적지에 닿았고 자동차에 다시 자전거를 싣고 집으로 돌아올 수 있었다.

자전거 사고가 난 것은 순전히 내 부족한 실력 때문이었다. 일이 잘못되려면 눈 깜짝할 새에 일어난다. 내리막길 모퉁이에서는 속도를 줄이고 크게 돌았어야 했다. 그런데 뒤에 따라오는 사람도 있고 보기에 만만해서 속도를 거의 줄이지 않았다. 그랬더니 한순간에 내 몸이 땅바닥에 내동댕이쳐지는 것을 느꼈다. 커브 길에서는 변속을 헐겁게 해서 부드럽게 회전해야 넘어지지 않는다는 말을 자주 들었지만 그렇게 하지 못한 것이다. 이젠 내리막길에서 늘 긴장하며 넘어져 다치는 일이 없도록 조심한다. 실수를 통해서 배운 것이다.

〈마음껏 실수하자〉라는 학급 경영 방침을 세운 후배 교사가 있었다. 그 글귀는 나를 놀라게 했다. '청소를 잘하자, 서로 돕자, 고운 말을 사용하자' 식의 생활 규칙을 강조하던 나에게는 파격적인 그 말이 적잖은 충격을 주었다. 좀 더 나은 선생님이 돼 보겠다고 연수를 받아 보았지만 이만큼 나를 깨우친 건 없었다. 어른도 자주 실수하는데 짧은 경험으로 학교라는 사회생활을 해야 하는 아이들이야 어떻겠는가. 실수로 배우게 된 것은 몸으로 익힌 것처럼 오래오래 기억에 남는다. 아무리 자전거를 이론적으로 완벽하게 알더라도 막상 타게 되면 처음 배우는 거나 마찬가지다. 직접 부딪치고 깨져 보아야 상황에 따라 어떻게 대처해야 하는지 알게 되어 온전하게 내 것으로 남는다. 그런 면에서 아이들이 실수하는 것은 너무나 당연하다. 실수를 통해 깨닫게 된 지혜는 평생 아이의 자산이 될 것이다.

며칠 전에 도쿄에서 열린 피겨 스케이팅 대회를 보았다. 제2의 김연아를 꿈꾸는 유영 선수가 멋진 기술을 펼쳤다. 첫 과제였던 트리플 악셀에서 넘어지는 바람에 점수가 깎였고 두 번째 시도에서도 실수해서 점수를 잃었지만 동메달을 따냈다. 흔들리지 않고 끝까지 열심히 한 결과였다. 선배 선수가 그랬듯이 그녀도 언젠가는 큰 영광을 얻을 것이다. 실수한 부분을 연습하고 또 연습할 것이기 때문이다.

사람들은 잘못하면 대부분 얼굴이 화끈거리고 자책하게 된다. 그래서 다시는 똑같은 실수를 저지르지 않으려고 노력한다. 그러니 다른 사람이 그것을 꾸짖거나 비난할 필요가 없을 것이다. 오히려 애썼다는 말 한마디가 위로가 되겠다. 실수는 보이지 않는 또 다른 스승이다.

걷는다는 것

•
•
•

몇 년 전에 일 년 동안 거의 빠짐없이 맨발 걷기로 하루를 열었던 적이 있었다. 날마다 마주하는 아침 풍경은 단 하루도 같은 날이 없었다. 오늘의 태양이 어제의 그 태양인가? 시시각각 변해가는 사계절의 변화는 경이로웠다.

맨 처음 이슬을 머금은 아침의 차가운 공기 속에서 흙길을 밟을 때의 느낌을 잊지 못한다. 맨발에 닿는 흙의 감촉은 온전하게 날 것 그대로였다. 알갱이마다 자신을 드러내어 살아있음을 콕콕 찍어서 알려주는 것 같았다. 한 발 한 발 내딛는 걸음 수를 헤아릴 정도로 온 신경이 발에 집중되었다. 그 여운은 강렬하게 남아 종일 발이 후끈후끈 달아오르고 발바닥에 쌓인 땅의 기운이 걸음을 걸을 때마다 느껴졌다. 그렇게 시작된 걷기로 인해 일 년 사이에 마음이 단단해졌는지 아니면 발바닥에 굳은살이 박여서인지 오히려 이제는 맨발일 때가 더 자유스럽다. 매일 아침 첫발을 디딜 때 나는 비로소 하루를 시작하는 신선함에 감사하는 온 마음을 담아 의식을 치르듯 대지에 발맞춤을 한다.

맨발 걷기를 시작하게 된 것은 친한 부부를 통해서였다. 지난 가을 아름다운 단풍나무 길을 소개해 줘서 함께 걷게 되었다. 그때부터 새벽이면 일어나 서서히 변해가는 여명을 만끽하며 그곳으로 달려갔다. 탁 트인 하늘을 캔버스 삼아 빛과 구름은 매일 다른 그림을 그려냈다. 하늘이 밝아오면 새들도 깨어나 날마다 다른 모습으로 지저귀었다. 사시사철 달라지는 풍경을 보는 것은 새로운 기쁨이었다. 꽃이 피고 지고 잎이 돋고 떨어지는 것을 바라볼 수 있어 정말 좋았다. 꼭 그 시간이면 그곳으로 달려가 자연과 함께하는 일이 묘하게 중독되어 갔다.

맨발로 길을 걷다 보면 길 위에 있는 모든 것이 신경 쓰인다. 밟아서 어떤 자극이 올지 미리 대비해야 하기 때문이다. 자잘한 돌멩이, 새로 떨어진 나뭇잎, 죽어서 부러진 나뭇가지들이 신기하게도 눈에 잘 띈다. 나처럼 맨발로 다니는 많은 생물도 잘 보인다. 지렁이, 달팽이, 개미들도 내가 남기는 발자국처럼 그네들의 흔적을 남긴다. 행여 밟을까 조심하며 피해 간다. 우린 세상을 나누어 함께 살고 있음을 새삼 깨닫게 되고 동료 의식 같은 친근함을 느낀다.

걸어 보니 게으른 핑계는 있어도 걸을 수 없는 날은 없다는 걸 알게 되었다. 비가 오면 오는 대로 좋았다. 흙이 말랑말랑 순하게 발을 감싸준다. 발자국이 뚜렷이 보이는 그런 날은 더 신나게 걸을 수 있다. 바람이 불면 부는 대로 좋았다. 바람은 머리칼을 날리고 나뭇잎을 흔들어 살아 있는 대지의 호흡을 느끼며 걷게 해 준다. 영하의 날씨도 좋았다. 다만 자신과의 싸움에서 이겨 내야 한다. 신발을 벗으면 뼛속까지 시린 냉기에 지레 겁을 먹고 포기해서 그렇지, 그런 날 걷고 나면 온종일 발이 따끈따끈해서 좋았다.

흙길이 그리 길지 않아 왕복으로 몇 번 걸을 뿐이었지만 일 년이 지나고 나니 걸음에 이력이 붙었나 보다. 웬만히 걸어서는 별로 다리가 아프지 않다. 그리고 신발을 신고 걸으면 발이 신발 속에 갇혀 앞발가락이 불편하고 답답하다. 나는 자연인이 되어 가고 있는 모양이다. 사람들이 왜 걷는지, 더구나 왜 맨발로 걷게 되는지 그 이유를 알 것 같다.

이렇게 오랫동안 꾸준하게 해본 일이 있었던가? 세상을 적당히 되는대로 살아온 나는 아마도 얼마 못 가 그만두었을지 모른다. 어떤 일이든 오래 하다 보면 지루해지고 그 지루함은 의미를 상실하게 만드는 재주가 있어서 하던 일을 쉽게 그만두게 만들어 버리기 때문이다. 하지만 걷는 것만큼은 그럴 것 같지 않다. 걷는 일은 곧 살아있음을 축복받는 일이고 내가 누구인지 겸손하게 알게 해주기 때문이다.

앞으로 다가올 세월은 어떤 모습일까? 지난 일 년, 하루도 같지 않았던 사계절의 파노라마가 새롭게 기대된다. 또다시 이렇게 똑같은 말을 반복하며 살아가지 않을까 싶다.

"날씨가 많이 풀렸군요. 걷기에 딱 좋은 날씨예요. 어머, 꽃을 피웠네? 저건 처음 보는 꽃이네요. 하늘이 어쩜 저렇게도 푸를까. 한 번도 본 적 없는 색깔이에요……."

잔소리 그만

•
•
•

남편이 퇴직하고 집에 있게 되면서부터 내 잔소리가 시작되었다. 다른 직장에서 먼저 퇴직한 친구 남편은 아내가 하도 잔소리를 해 대서 귀에서 피가 나는 것 같다고 하소연했다. 얼마나 듣기 싫었으면 그런 말을 할까 싶어 친구 몰래 박장대소했다. 그랬던 내가 똑같은 잔소리꾼이 되었다. 오늘도 남편은 화장실에서 오랫동안 나오지 않고 있다. 아무래도 변비로 고생하는 것이 그 때문일지 모른다.

남편은 말주변이 없다. 아니, 말하는 것 자체를 좋아하지 않는다. 그래서 학생 가르치는 일을 힘들어했다. 업무를 분담하는 데서도 말이 필요 없는 컴퓨터 수리나 과학 기기 정비하는 일을 좋아했다. 남이 요청하는 일은 적극적으로 도와주지만, 자신의 영달을 위한 일이라면 있는 것도 귀찮다며 남에게 줘 버리곤 했다. 그런데 고3 부장 업무를 맡아 어쩔 수 없이 학생 상담을 하거나 진학 지도 등을 하더니 앞당겨 퇴직해 버렸다. 그리고는 집 밖으로 나가려 하질 않고 방안퉁수가 되었다. 그때부터 잔소리가 시작되었다.

'여보, 운동 좀 하지 그래?', '사람 좀 만나. 만나야 대화를 할 수 있지.', '심심한데 뭐 좀 배워. 배워서 남 주나? 아니, 나 좀 가르쳐 줘. 당신 덕 좀 보자.' 좀, 좀, 쪼옴…. 온갖 감언이설로 그를 꾀어 봤지만 꿈쩍도 하지 않는다. 원래 나다니지 않는 성격인 줄은 알고 있었지만 도무지 들을 생각을 하지 않으니 내가 지쳐 그만두게 되었다. 그런 말들이 의미 없다는 걸 알기 때문이다. 초등학교 입학부터 시작해서 지금까지 50년 넘게 학교만 다녔으니 지겨울 법하다. 그냥 내버려 두다 보면 스스로 생각을 정리하고 자신에게 알맞은 일을 찾게 되리라. 그렇게 마음먹으니 내 마음도 느긋해졌다. 마음에 와닿지 않는 말로 움츠러들거나 스트레스 받을까 봐 잔소리해서 미안하다고 했더니 오히려 출근하느라 힘들 테니 다 받아주겠노라 한다.

가만 생각해 보면 잔소리는 내가 하지 못하는 걸 남에게 강요하는 경우가 많은 것 같다. 남을 위한 것 같지만 사실은 내 입맛에 맞게 상대방을 바꾸려는 의지가 더 강해서 필요 이상으로 간섭하게 된다. 그의 생각이나 입장을 따지기보다 내 바람을 억지로 주입하면서 참견하게 되는 것이다. 세상일이 알고 보면 내 중심 아니던가? 누구나 필요하면 스스로 자기 행동이나 태도를 고치려 할 테고 그렇지 않다면 조언 조차도 잔소리로 받아들일 수밖에 없다. 어렸을 때 간섭받는 게 싫어서 얼른 어른이 되어 자유로워지길 얼마나 바랐던가. 나이가 들어가면 느는 것이 잔소리라고 하던데 나도 모르게 그런 시절을 잊어버렸나 보다.

최근에 〈사랑한다면 거리를 두는 게 좋아〉라는 책을 만났다. 꽉 짜인 틀 속에서 지내다 새롭게 인간관계를 정립해야 하는 나 같은 사람에게 좋은 해결 방법을 던져주었다. 통통한 고양이가 툭 던지듯 건네는 말이지만 몇 마디만으로도 생각을 편안하게 바꾸어 주는 매력이 있었다. 그 책에서 '사랑한다면 3미터 정도는 떨어져 지내라'고 한다. 살짝 무심하게 대한다고 덜 사랑하는 게 아니라는 것이다. 떨어져 있을수록 그리움은 커지는 법이다. 그리고 가장 마음에 와닿았던 말은 '강요하지 마. 넌 너고, 난 나야!'였다. 사이다 맛 같은 이 말은 내게 일침을 놓는 듯했다. '따로 또 같이' 지내다 보면 부부지만 좋은 친구로 원만하게 잘 지낼 수 있을 것이다.

〈인턴〉이라는 영화에서 퇴직한 주인공은 '인생이 무단결근하는 것 같다.'라고 했다. 오랫동안 직장에 몸담고 성실하게 생활해 온 사람이라면 누구나 그런 기분에 휩싸일 것이다. 아등바등 힘들게 살아왔으니 은퇴 이후는 좀 느긋하게 쉬도록 내버려 둘 일이다. 살아가는 방법은 참 많다. 조바심 낸다고 안될 일이 되는 것도 아니며 행복도 소소하지만 만족스러운 데서 느껴지지 않던가?

나도 이제 퇴직하여 백수가 되었다. 일을 그만두고 바로 긴 여행을 떠났다 돌아와서 별다른 일 없이 뒹굴뒹굴 놀고 있다. 만약 누군가가 나를 지금 있는 그대로 보아주지 않고 자꾸 뭔가를 시도해 보라고 권하든가 달라지라고 강요한다면 기분이 좋지 않을 것이다.

신호

•
•
•

'윽, 꼴깍' 겨우 침을 삼킨다. 따끔따끔 목이 아프다.

개천절 날이었다. 6일간의 휴가가 계속되는 동안 몇 가지 집안 행사를 치르고 나니 침이 삼켜지지 않는다. 힘들게 겨우 넘기고 밥을 먹기 시작했다. 그런데 끼니마다 맛있기만 하던 밥맛이 없다. 억지로 몇 숟가락 뜨고 나서 잠을 자면 괜찮을까 싶어 드러누웠다. 그러나 눈이 감기지 않는다. 겉으로는 멀쩡해 보이는데 왜 그러는지 알 수 없었다. 남편이 먹던 후두염 약을 먹고 한숨 자고 일어나서야 좀 나아진 것 같았다. 이것은 분명 가사 노동 증후군이 틀림없다. 매일 걸어선지 체력이 좋아져서 금방 회복되긴 했다. 그렇잖았으면 며칠 침대를 벗어나지 못했을 것이다.

작년에 돌아가신 시어머니의 생신은 추석 3일 전이고, 3일 후가 첫 기일이다. 공교롭게도 양력으로 제사를 지내려다 보니 그렇게 되었다. 시댁 식구들은 추석날 보지 말고 그날에 만나자고 해 두었다. 일을 좀 줄이고 싶었기 때문이다. 그런데 꾀를 부릴 수 없게 되었다. 어머니가 돌봤던 조카가 어쩔 수 없이 추석에만 시간이 난다고 해서 다녀갔고 친정 식구들도 순천만 정원 박람회 구경하러 와서 우리 집에 다녀가느라 본의 아니게 추석 연휴 동안 손님을 많이 치르게 되었다. 그때는 신나고 즐거워서 전혀 힘든 줄 몰랐다. 여럿이 음식을 나눠 먹으니 그렇게 맛있을 수 없었다. 추석에 장만한 음식을 싹싹 비워 냈다. 이제 돌이켜 보니 '사그라지기 전의 불꽃' 같은 것이었나 보다.

시어머니는 호흡이 답답하다며 당신 스스로 병원을 찾아갔는데 다음 날 새벽에 유명을 달리하고 말았다. 어제까지만 해도 마을 회관에서 함께 놀던 사람이 느닷없이 하늘나라로 갔으니 마을 사람들이 얼마나 큰 충격을 받았을지 짐작이 갔다. 가족들은 물론이지만 마을 사람들이 애달파하는 게 두고두고 걸렸다. 그래서 위로하는 마음으로 어머니 생신날 마을 사람들을 대접하기로 했다. 이장이 집안사람이어서 소통하기가 좋았다. 명절이 가까워서 좀 걸리긴 했으나 다행히 괜찮을 거라는 전갈을 받았다. 음식은 탕으로 준비하기로 했다. 시부모님이 생전에 자주 갔던 보성 미력면에 있는 양탕 집에 부탁했다. 넉넉하게 30인분을 싸

들고 술과 과일 등을 더 준비해서 마을 회관으로 갔다. 나이 든 노인 분들이 먼저 와 있었다. 반가워하며 손을 잡고 자꾸 고맙다고 말했다. "저그 자리가 엄니가 잘 눕던 자린디…."라며 어머니와 가장 친했던 대산 아주머니가 눈물을 훔쳤다.

점심 식사가 끝나자 젊은 사람들은 일하러 떠나고 할머니 몇 사람 남았다. 젊다고 해 봐야 80세에 가까운 이가 많다. 밥만 먹고 갈 수 없어 뭘 할까 생각했다. 노래를 함께 부르는 것이 가장 흥겨웠을 것이다. 그런데 내가 시도한 것은 책을 읽어 주는 거였다. 마침 차에 〈미스 럼피우스〉가 있었다. 책 표지를 쫙 펼치자 기독교 신자인 할머니가 교회 이야기냐고 물었다. 서양인이 그려져 있어서 그렇게 생각했나 보다. 마을 어른들에게는 그림책이 너무나 생소한 물건이었다. 대강 설명하고 나서 책을 읽기 시작하자 귀가 안 들린다며 손사래를 치거나 눈이 침침하다며 딴 데를 보는 이들도 있었다. 목이 점점 아파져 오는 데도 꾹 참고 큰 소리로 꿋꿋하게 읽어 나갔다. 아주 재미있거나 이해하기 쉬운 것은 아니었지만 들려주고 싶은 글귀가 있었다. 드디어 바랐던 부분이 나오자 누군가 따라 말했다. '눈에 보이지 않아도 가슴에 남아 있어요.' 글의 힘이 뜨겁게 느껴지는 순간이었다.

연휴 마지막 날은 어머니 기일이었다. 어머니와의 이별이 늘 마음에 걸려서 첫 제사에 신경을 많이 썼다. 평소에 불효자였던 사람이 장례식 때 가장 많이 운다는 말이 떠올랐지만 내 마음이 그런 걸 어쩔 수 없었다. 무엇보다 가족을 잘 대접하는 것이 중요했다. 손님맞이 대청소부터 침구류 정비, 음식 장만으로 정말 바빴다. 제사를 지내기 전부터 벌써 힘이 빠지기 시작했고 목도 깔깔해졌지만, 가족들이 모이니 신나서 몸의 신호를 무시했다. 무사히 제사를 마치고 다들 집으로 돌아간 뒤에야 침이 삼켜지지 않는 것을 알게 된 것이다.

이제 몸의 이상 신호가 늘어가는 나이가 되었다. 물론 파란불일 때가 많겠지만 점점 노란불, 빨간불이 많이 들어올 것이란 걸 안다. 그렇더라도 당황하거나 낙심하지 말고 순리로 받아들일 일이다.

새로운 바람

•
•
•

아이들이 다 자라고 나니 조금씩 아픈 데가 나타난다. 전에 없던 여러 가지 증상들이다. 몸이 여기저기 삐거덕거리는 소리도 들리고 감정에도 변화가 오는 것 같다. 마치 자동차가 오래되면 달리는 데는 문제가 없지만 덜커덩거리고 엔진소리도 커지고 어딘가 나사가 풀려 헐거워진 것 같은 반응이 나타나는 것처럼 말이다. 이런 증상이 보이기 시작하면 사람들은 갱년기라 한다. 하늘을 향해 쭉쭉 뻗어 가던 나무가 기운이 달려 생장점이 멈추고 기둥은 점점 휘어지며 나뭇잎도 빛깔을 잃어가듯이.

드라마에서 보면 어머니의 삶이 반추되어 나오는 때가 있다. 한 세대가 썰물처럼 빠져나가고 휑하게 남은 집과 머리숱이 적어진 남편이 느껴질 때, 주인공은 멍하니 떨어지는 꽃잎을 바라보며 혼잣말을 하기도 하고 밤늦도록 뒤척이며 잠을 이루지 못하는 모습을 보이기도 한다. 갑자기 어떤 일을 두고 눈물을 흘리기도 하고 별일 아닌데 짜증 낼 때도 있다. 사람에 따라 증상의 차이는 있겠지만 마치 청소년기에 사춘기가 오듯 중년기에 갱년기가 오는 것은 누구나 겪는 자연스러운 일일 것이다.

오래된 친구 중에 정말 긍정적인 마음으로 살아가는 이가 있다. 그 친구가 쉰 살이 되었을 때 들려줬던 이야기가 떠오른다. 어떤 아이가 피부가 늘어져 생긴 주름을 가리키며 뭐냐고 묻더란다. 그래서 50년 동안 만드느라 애쓴 작품이라고 대답했더니 자기도 갖고 싶다고 말하더란다. 그 이야기를 듣고 얼마나 박장대소했는지 모른다. 그 친구의 재미있고 멋진 대답으로 갱년기에 환한 불이 켜지는 것 같았다. '우리의 삶은 늙어가는 것이 아니라 잘 익어 가는 것'이라고 했다. 인생이라는 작품을 완성하기까지 남아있는 삶을 위해 바람이 필요한 이유다.

내가 다니는 성당에 10년 독일 유학을 마치고 한국에서 첫 사제 발령을 받은 신부님이 있었다. 본당에서 사목 경험은 없지만 검은 수단 자락을 휘날리며 제대 위로 걸어 올라가 열정에 넘치는 강론을 할 때면 말씀이 귀에 쏙쏙 박혔다. 신부님은 당신이 우리 성당 모든 교우에게 하느님의 선물이 되었으면 좋겠다고 말했다. 당당하게 말하는 그 모습을 보며 나는 과연 한 사람에

게라도 그런 생각을 해본 적이 있는지 되돌아보게 되었다. 괘종 시계가 시간이 되면 저절로 울리듯이 그는 아홉 시가 되면 어김없이 교우들을 위한 기도를 올린다고도 했다. 그 모습은 펄럭이는 수단처럼 신선한 바람이 되어 미사 시간이나 레지오 활동이 활기로 가득 차게 되었다. 신부로 살아가려면 여러 고난이 많을 것이다. 그때마다 하느님의 신비를 경험하며 백합처럼 고운 향기를 먼 데로 퍼뜨려 나갈 수 있도록 바람을 잠재우지 말아 달라고 기도했다.

펄럭이는 것들은 힘이 있다. 그래서 바람을 일으켜 새로운 꿈을 꾸게 한다. 인생을 돌아보게 되는 나이에 힘 있게 펄럭일 수 있도록 도와주는 바람이 갱년기 아닐까? 삶을 반추해 보며 내가 잘못했던 일에서는 교훈을 얻고 잘했던 일에서는 지혜를 얻어 앞으로 더 잘 살아갈 수 있도록 생각을 전환해 주는 때가 바로 이 시기다. 매사에 감사하고 두루 따뜻하며 좀 더 여유로워지는 아름다운 시절을 맞이하라고 몸과 마음을 깨우는가 보다.

이제 나도 때를 만났으니, 지금까지 살아온 것에 대한 미련을 버리고 새로운 바람을 일으켜야겠다.

만져 본다

내 40대 후반을 돌아보면 아등바등 어떻게 살았는지 아득하기만 하다.

토요일이면 아무것도 하지 못한 채 거의 기절하다시피 누워 있었다. 어찌어찌 쉬고 나야 또 한 주를 시작할 힘이 겨우 모였다. 당시에는 주 6일 근무라 충분히 쉴 수도 없었고 점점 체력이 바닥나더니 성대 결절까지 생기고 말았다. 말하지 않고는 아무것도 할 수 없는 직업을 가졌으니 하루하루가 곤혹스러웠다. 내가 알고 있는 한 몸이 가장 힘들었던 때다. 어린 시절에 언니들은 나를 '빼빼씨'라 불렀다. 약해서 훅 불면 날아가겠다고 했다. 키까지 작았으니 부모님은 늘 걱정스런 눈빛이었다. 그래도 결혼 전까지는 내 몸 하나만 챙기면 되니까 크게 어려운 것은 없었다.

문제는 가정을 이루고 난 뒤였다. 책임져야 할 가족이 있고 직장과 사회생활을 유지해 나가야 하니 절망스러웠다. 지금도 그때를 떠올리면 아찔하기만 하다.

아이들 키우는 동안 내 몸을 돌보는 일은 생각조차 못했다. 젊어서 그랬겠지만, 건강에 관심이나 상식이 전혀 없었고 누가 알려주는 사람도 없었다. 내 부모님은 아프다고 할 때만 챙겨 주셨기 때문에 나 또한 몸에 이상 신호가 올 때까지 대비하지 못하고 써먹기만 했다. 샘물처럼 계속 솟아날 줄만 알았는데 어느 순간 물줄기가 막히고 있었다. 그 사실을 알았을 때는 한발 늦었다. 바닥난 체력을 끌어 올리는 데는 3년 이상이 걸린다고 한다. 마이크를 써도 해결되지 않는 목소리로 삶의 질이 형편없이 떨어졌다. 전화조차 할 수 없었으니 도무지 행복할 수 없었다. 여러 가지 해결책을 찾기 시작했다. 가사 도우미 쓰기, 휴직, 체력 단련 프로그램 참여 등을 생각했다. 그중에 당장 할 수 있는 것은 건강 보조 식품을 먹는 일이었다. 그런 종류는 정말 비쌌다. 특히 ○○회사 제품은 3개월 먹는 양을 사려니 백만 원이 넘었다. 그런데 한 가지만 먹는 게 아니었다. 면역력을 끌어올리는 데 필요한 것, 신체 각 기능을 보강할 뿐만 아니라 제품의 기능을 도와주는 또 다른 건강 보조 식품까지 먹어야 했다. 그래서 몇 달치 봉급을 털어 넣었다.

결혼 이후 처음으로 출장 마사지도 받기 시작했다. 좀 더 질 높은 휴식을 얻으려면 그 방법이 괜찮을 것 같았다. 목덜미와 어깨 근육을 풀어 주고 얼굴에 팩을 붙이는 동안 꿀잠을 잘 수 있었다. 아주 오랜만에 날 위해 쓰는 시간은 무척 만족스러웠다. 비실비실 누워 쉬는 것에 비해 빠르게 몸이 회복되어 갔다. 그때 알게 되었다. 건강해지려면 시간 투자나 노력도 중요하지만, 돈을 써야 한다는 것을 배웠다. 차츰 목소리가 돌아왔고 사회생활도 좀 더 편안해졌다. 체력이 고갈되고서야 건강의 소중함을 깨달았으나 더 큰 병을 얻지 않은 것은 다행이었다.

목소리는 돌아왔지만, 갑상샘에 혹이 자라고 있는 복병을 발견했다. 마취를 하지 않고 긴 바늘을 목에 찔러 조직을 떼어내는 세침 검사를 세 번이나 했다. 암인지 아닌지 판명하기 어렵지만 예후가 좋지 않으니 수술하자며 날짜를 잡았다. 그 당시 자연 치유법에 관심이 많은 친구를 알게 되었다. 그 친구는 갑상샘 제거 수술을 했다. 내 얘기를 듣고 절대 수술하지 말라며 극구 말렸다. 체온을 1도만 더 올려도 병을 이겨낼 수 있다며 여러 가지 건강법을 알려 주었다. 요가와 맨발 걷기를 꾸준히 할 것을 권했고 몸에 좋은 것들이 무엇인지도 말해 주었다. 언젠가 신약이 발견되면 떼어 내지 않고도 치료할 수 있으니 그때까지 기다려 보자 했다. 다행히 담당 의사가 중요한 세미나가 있어 수술 날짜를 미루자 해서 얼른 취소했다. 벌써 십수 년 전의 일이 되어 버렸다. 아직 괜찮은 거 보면 암은 아닌가 보다. 하지만 쉬이 피곤해져서 힘든 일을 지속하기 어렵다. 그래서 무리하지 않으려고 애쓴다.

나이 들어가면서 내 몸을 가만가만 만져보는 일이 많아졌다. 무릎뼈는 괜찮은지, 손가락 마디는 잘 펴지는지, 목을 마음대로 움직일 수 있는지 살펴보노라면 그저 고맙기만 하다. 지금까지 하고 싶은 대로 할 수 있었으니 얼마나 감사한 일인가.

새 신을 신고

나이가 들어간다는 것은 감각이 무뎌진다는 것일까? 계절은 바뀌어 가는데 자연스럽게 좇아가는 게 힘들다. 낡은 기계처럼 꺽꺽 소리를 내며 질질 끌리듯 겨우 따라잡았다 싶으면 또다시 계절은 바뀌어 가고 있다. 계절의 깊은 맛을 보지도 못하고 삶을 폭폭하게 이어가고 있는 느낌이다. 마치 내 낡은 신발처럼 늘어지고 닳아지고 모양까지 변해버린 감각 탓일 게다.

오랫동안 신어 온 슬리퍼는 너무 낡아서 어느 날 갑자기 무겁게 다가왔다. 겉으로 보기엔 멀쩡해 보이는데 바쁜 마음에 힘주어 걸으면 발이 쑥 빠져나올 정도로 끈이 늘어져 버려 신발 따로 발 따로 놀았다. 나중에는 신발이 나를 위해 있는 것인지 내가 신발을 위해 있는 것인지 모르게 걷기가 힘들었다. 이미 내 발을 보호해 줄 가치를 잃어버렸다는 걸 알았지만 바꿀 생각을 하지 못하고 어리석게도 불편한 신발 속에 나를 맡기고 기우뚱거리며 소심하게 걷는 습관을 만들어 갔다. 질질 끌려가는 불편한 신발을 버리지 못하고 신었던 건 아마 슬리퍼라는 존재에 투자할 생각이 전혀 없었던 탓도 있겠다. 구두였다면 모양이 변해서 패션을 살려낼 수 없다고 진즉 버렸을지 모른다. 그러나 인생의 절반을 직장에서 보내며 그저 세월 가는 대로 닳아진 신발의 불편함을 감수하고 삐걱거린 채 신고 다녔다는 걸 이제 생각하니 난 참 우둔한 사람이었나 보다. 편한 신발을 신고 좀 더 자신 있게 걸으며 내 업무에 충실했다면 지금보다 훨씬 뛰어난 감각을 살려서 보다 나은 삶을 살고 있을지 누가 아는가? '남의 신발을 신고 걸어보기 전에는 그 사람을 비난하지 말라.'는 인디언의 격언이 있지만 누군가 내 신발을 신어보고 내 삶의 고충을 이해해 주기보다 오히려 미련함을 들키지 않은 게 다행이었다.

어느 날 라디오에서 앙증맞은 목소리로 아이가 '새 신'이라는 노래를 부르는 것을 들었다. 매일 어린아이들을 대하며 살고 있지만 이 노래는 정말 오랜만에 들었다. '새 신을 신고 뛰어보자 팔짝 머리가 하늘까지 닿겠네.' 이 얼마나 과장된 노랫말인가? 그럼에도 이 노래가 마음 한구석에 잠자고 있는 신바람을 건들며 어린 시절을 떠올리게 했다. '새 신을 신고 달려보자 휙휙 단숨에 높은 산도 넘겠네.' 우리 어린 시절에는 명절이나 되어야 새 신발을 얻어 신을 수 있었다. 그때 신발을 자랑하고 싶어 얼마나 근질거렸던가. 내가 가르치던 1학년 아이 하나가 어느 날 '선생님, 저 신발 샀다요~.'하며 말을 걸어왔다. 신발을 자랑하고 싶어 흥분한 나머지 반말이 튀어나오는 걸 간신히 모면한 아이의 얼굴은 복사꽃처럼 상기되어 있었다. 그때를 돌이켜 보니 이 노랫말이 얼마나 어린아이의 신바람을 잘 표현했는지 새삼스럽게 깨달았다.

그래서 둔하고 무디어진 내 못난 감각들을 떨쳐내듯 그동안 늘어나고 닳아져 저를 잃어버린 슬리퍼를 과감하게 내던지고 맞춤 구두 가게로 갔다. 한의원에서 진맥하듯 발을 본뜨고 처방을 기다렸다. 다행히 아치가 조금씩 내려앉긴 했지만 크게 잘못된 것은 없다 했다. 아치를 살려 주고 오래 서 있거나 걸어도 아프지 않으며 모양이 변하지 않는다는 신발을 골랐다. 오래 신다 보면 코르크로 만들어진 깔창이 흐트러지고, 튼튼한 고무 밑창도 닳아지지만 수선하면 도로 새 신발처럼 신을 수 있다는 비싼 것이었다. 물론 장사치의 말이긴 했지만 일단 말만으로도 만족스러웠다. 형태는 그대로 두고 깔창이나 밑창을 가는 것만으로도 새로운 신발처럼 바꿀 수 있다니 얼마나 좋은가. 마치 이것을 신으면 몸은 그대로나 부속품들을 갈아 끼워 새로운 사람으로 싹 바꿀 수 있을 것이라는 착각이 들었다. 아니 그랬으면 좋겠다. 나이 들며 무뎌지는 감각을 인위적으로 깨끗하게 바꿔 이 신발처럼 편안하게, 인생이란 걸 끌고 갈 수 있으면 좋겠다.

새 신발을 신고 발을 쭉쭉 뻗어 걸어보니 그동안 앞만 보고 걷느라 약화되어 있는 뒤꿈치 근육에도 새로운 힘줄이 생겨나는 것 같다. 해가 가고 달이 기움에 따라 낡아 가는 내 자신도 알맞게 바꿔가며 앞으로도 당당하게 걸을 일이다.

노래하는 저글링

아이들이 초등학생일 때였다. 방학이 되어 5학년이던 아들과 2학년이던 딸을 데리고 서울 구경을 갔다. 애들이 좀 더 어렸을 때는 승용차를 타고 갔는데 배낭을 메고 전철을 이용하니 주차하는 데 신경을 쓸 필요가 없어 홀가분했다. 63빌딩 전망대에서 서울 시내를 내려다보았다. 멀리 보이지 않는 곳까지 중첩된 빌딩 숲이 끝없이 펼쳐져 있어 새삼 촌뜨기를 놀라게 했다. 얼마나 많은 사람이 사는 걸까 가늠해 보기도 어려웠다. 산에서 자라는 나무만큼 많은 건물 하나하나가 주인이 있다는 것도 생경했다. 그동안 서울이라는 산만 보았지, 그 속에 사는 나무를 구체적으로 헤아려 보지 않았는데 꿈도 꿀 수 없는 집값을 따져보니 갑자기 낯설어졌다. 고즈넉하고 널널한 궁궐과 박물관을 구경할 때

와는 사뭇 다른 감정의 파고가 일었다.

그곳 아쿠아리움에서 고래 쇼를 보고 나서 교보문고로 향했다. 전철에서 내려 종로역을 지나는데 광장에서 젊은 애들이 저글링을 하고 있었다. 학생들로 보였는데 동호회 모임인 것 같았다. 한 팀은 공연하고 또 한 팀은 지나가는 사람들에게 그것을 어떻게 하는지 가르쳐 주고 있었다. 어떤 아주머니는 받기는커녕 던지는 것조차 마음대로 되지 않아 서로 애쓰는 게 눈에 띄었다. 그때까지 저글링은 텔레비전으로만 보던 것이었는데 바닥에 떨어지지 않고 공이 공중에서 계속 맴도는 게 신기했다. 조마조마한 마음으로 지켜보느라 긴장감을 놓을 수 없어 서커스에서 빼놓지 않는 놀이인가 보다. 재미있게 구경하다 보니 어렸을 때 가지고 놀던 콩주머니가 생각났다. 던지고 놀다가 터지면 꿰매느라 저절로 바느질하는 법을 배우게 되었다. 저글링은 그것과는 조금 달랐다. 손목 스냅을 이용해서 양손에서 차례로 공을 공중으로 던져 올린 다음 받고 다시 올리기를 반복했다. 어떻게 하는지 구경하다 자리를 떴다. 각박해 보이는 그곳에서 여유를 발견하니 기뻤다. 서울이라는 산에서 아름다운 나무를 발견한 것 같았다.

취미는 삶을 윤택하게 한다. 내 일이 아닌데 자꾸 기분이 좋아 입가에 미소가 생겼다. 늦은 나이에 피아노를 배우기 시작했다는 지인의 말을 들었기 때문이다. 유튜브를 보면서 전자 오르간으로 건반을 짚어 본다고 했다. 교회 성가대에서 활동하는데 악보를 보는 것이 너무 힘들어 결정했단다. 피아노 연습 교재인 〈바이엘〉을 치며 음을 확인하는데 제대로 배우려면 학원에 등록해야겠다고 했다. 40대 후반이니 매일 연습하게 된다면 내 나이가 되어서는 멋지게 연주할 수 있을 것이다. 배우는 일로 활기찬 그녀를 보니 저절로 뭔가에 도전하고 싶은 생각이 들었다.

열심히 하면 안 되는 게 어디 있으랴. 나도 취미를 계발하기로 했다. 옛날에 서울에서 봤던 기억이 생생하게 떠올라 저글링을 선택했다. 유튜브에는 여러 동영상이 실려 있다. 그 중 가장 차분하고 쉽게 가르쳐 주는 동영상을 선택했다. 알려 주는 대로 조금씩 차근차근히 해보았다. 처음에는 공 없이 맨손으로 리듬감을 익히는 것부터 했다. 오른손 왼손, 오른손 왼손, 하나둘, 하나둘. 그것도 잘되지 않아 어색하기만 했다. 다음으로 공을 들고 연습했다. 수도 없이 떨어뜨리고 줍는 일을 반복했다. 거실에서 하다 보니 하도 쿵쿵 소리가 나서 아래층에 민폐를 끼칠까 봐 침대로 옮겼다.

낙숫물이 바위를 뚫는다고 했던가. 조금씩 조금씩 나아졌다. 공 두 개로 하는 것이 어느 순간에 되기 시작했다. 그래서 세 개로 늘렸다. 도저히 불가능할 것 같았는데 연습이 약인지 수없이

던지고 받다 보니 나도 모르게 세 개짜리도 두세 번 돌릴 수 있게 되었다. 아직은 갈 길이 멀지만 뿌듯했다. 성취감을 처음 느껴 보는 것같이 신선했다. 눈과 손이 협응해야만 해낼 수 있고 공간 지각 능력과 집중력을 기를 수 있어 나이 들어서는 치매 예방에도 도움이 된다고 한다. 하려고만 든다면 안 되는 나이란 없을 것이다. '저글링이 노래라면 공은 음표'라고 했다. 멋지게 연주할 날이 오기를 기대한다.

참 다행이다

벌써 몇 년 전 일이다. 하늘은 그지없이 푸르고 단풍이 한창 곱게 물들어 가는 아름다운 10월이었다. 그가 직장에서 사고를 당했다고 전화로 알려왔다. 시멘트 기둥이 무너져 발을 다쳤다는 것이었다. 저녁 일곱 시에 수술을 시작해서 아홉 시에 끝났다. 수술하는 동안 밖에서 혼자 가슴 졸이며 기다렸다. 사고 소식을 시누이한테만 알렸다. 그때까지는 수술만 잘하면 나을 걸로 기대했다. 그런데 수술을 끝내고 나오는 의사가 결과를 말해 주었다.

"발이 너덜너덜해진 걸레 조각 같았습니다. 발만 잘리지 않도록 최선을 다하렵니다."

이미 큰 사고가 일어난 것이다. 가슴이 덜덜 떨렸다. 밤새 병실을 지키며 기도했다. 다음 날 아침에야 시부모에게 소식을 알렸다. 의논하여 서울에 있는 병원으로 옮기기로 했다. 수소문 끝에 유능하다는 의사를 찾고 병실을 예약했다. 다음 날 새벽 일찍 서울로 향했다. 가는 도중에 환자가 화장실에 가야 하는데 휴게소는 물론 구급차에 휠체어도 없고 다른 방법도 없었다. 그때야 알았다. 부성이 얼마나 강한지를. 깡마른 시아버지가 훨씬 덩치 큰 그이를 업고 휴게소 계단을 올라 화장실에 데려다주는 것이었다. 평소라면 도저히 불가능한 일이었다.

병원에 도착하여 그이의 다친 발을 처음 보게 되었다. '오, 하느님 맙소사.' 그것은 이미 발이 아니라 썩어가는 고깃덩이였다. 짓이겨지고 퉁퉁 부어서 형체를 알아볼 수 없었다. 그이도 그렇게 된 자기 발을 처음 보았다. 그래도 무덤덤한 표정을 지으며 '많이 다쳤네.'라고 했다. 처음엔 병실이 없어 5인실을 쓰게 되었다. 안 그래도 좁은 병실에 휠체어들로 더 좁고 불편했다. 더구나 화장실도 뚝 떨어져 있었다. 그런 곳에서 거의 한 달을 살았다. 처음엔 시부모님이 번갈아 간호했는데 병원 생활이 몸에 익자 극구 혼자 있어도 된다고 하여 불편하기 짝이 없는 병원 생활을 혼자 해냈다. 나는 어쩔 수 없이 주말에만 올라갔다. 큰아이 수능시험 날짜가 다가오고 있었고 직장에도 빠질 수가 없었기 때문이다. 그는 보기에도 끔찍한 발을 매일 소독할 때마다 억지로 보아야 했다. 그 후로도 수술을 세 번 더 받았다.

두 번째 수술할 때 연가를 내고 병원에 갔다. 썩은 피부를 걷어 내는 수술이었다. 그때는 시아버지가 간호할 때였다. 세 시간가량 진행되는 동안 아무 말이 없었다. 아마 당신 발이라도 떼어 주고 싶은 심정이었을 것이다. 20년 전 언젠가 시아버지가 나를 자전거에 태워서 터미널까지 데려다주었던 생각이 났다. 그때는 남편과 떨어져 시댁에 살 때였다. 먼 데까지 버스 통근을 했는데 우리가 살던 곳은 시내버스가 잘 다니지 않은 곳이었고 하필 배가 아파서 시내버스를 놓친 것이다. 시아버지도 출근해야 했는데 며느리를 위해 나섰다. 그날은 무척 비가 많이 와서 우산을 쓰나 마나였다. 흠뻑 빗줄기를 맞으며 페달 밟느라 힘들었을 텐데도 '너는 비를 맞지 않게 우산 잘 쓰고 있으라.'며 채근하던 모습이 떠올랐다. 다친 아들을 보는 심정은 어떨지 생각해 보는 것만으로도 가슴이 아렸다.

마지막 수술은 썩은 곳을 잘라내고 피부 이식을 하는 수술이었다. 그런데 가보질 못했다. 학예회 준비로 바빴기 때문이다. 그때는 시어머니가 간호해 주었다. 아침 일찍 수술실에 들어갔는데 점심시간이 넘어서야 수술이 끝났노라고 전화로 알려 주었다. 안 그래도 목이 메어 밥을 꾸역꾸역 넣고 있었는데 전화 받는 순간부터 눈물을 주체할 수가 없었다. 그는 허벅지에서 떼어

낸 살로 발등과 발바닥 피부 이식을 하고서 꼼짝도 못 하고 병실에 누워 있어야 했다. 그나마 다행히 2인 병실로 옮겨 화장실이 딸린 널찍한 병실을 쓰게 되어 좀 나았다. 주말이면 병원에 가서 그와 함께 보냈다. 해는 왜 그리도 빨리 떨어지는지 서울을 떠날 때는 늘 어두워진 시간이었다. 마음이 사락거려 빨리 나서질 못할 때마다 기차 시간 놓친다며 나를 몰아냈다. 어쩔 수 없이 병실을 나오는데 뜨거운 게 자꾸만 목구멍을 타고 올라왔다. 병원 밖에서 그가 있는 창문을 올려다보았다. 그가 울었다. 바쁜 걸음으로 왔다갔다하는 사람들이 훤히 내려다보이는 병실에 누워서 펑펑 울었다. 아니 눈물을 흘렸을 것이다.

이제 또 가을이 왔다. 일 년이 지나니 산을 오르거나 뜀박질만 못하지 남들 하는 것은 다할 수 있게 되었다. 기적 같은 일이다. 병원 생활에서 얻은 것은 살아있는 지금이 중요하며 하고 싶은 일이 있다면 망설이지 말고 해야 한다는 것이다. 이제 그는 세상을 마주하는 일이 전과 다를 것이다. 어려운 일을 당하고 나니 이제 감사할 일밖에 없다. 그와 함께할 수 있어 참 다행이다.

식구를 생각한다

어떤 가게 앞을 지나는데 '장사가 되지 않아 11월 11일 자로 영업을 중단합니다. 그동안 찾아 주신 고객님께 감사드립니다.'란 팻말이 붙어 있는 걸 보았다. 모임 중에 채식주의자가 있어 자주 이용했고 음식이 담백해서 꽤 좋아했던 곳이다. 그런데 2년 가까이 한 번도 가 보지 못했다. 사회적 거리 두기가 계속되는 사이에 발길이 끊긴 손님을 기다리며 그곳을 지켜 내려고 애썼을 그들을 생각하니 안타까웠다. 유리창 너머로 잠시 코로나 이전의 분위기가 스쳐 지나갔다. 발그스름 건강해 보이던 하얀 제복의 요리사와 환한 미소를 지으며 음식을 고르던 사람들이 보였다. 달그락거리며 식기 부딪치는 소리, 맛있게 대화 나누는 소리도 어디선가 희미하게 들리는 듯했다. 그리운 풍경이었다.

모두 어디로 갔을까? 지켜 주지 못하고 문을 닫게 한 것이 내 잘못인 것 같아 미안해졌다.

코로나로 사라져 버린 것도 있지만 새로 생겨난 것도 많아졌다. 우리 동네는 반찬거리와 관계되는 가게가 많이 생겼다. 반찬 파는 곳은 물론이고 과일을 파는 곳, 바로 끓여 먹을 수 있도록 재료를 손질해서 파는 밀키트(식사 꾸러미) 제품 가게 등이 여러 군데 개점했다. 어떤 과일 가게에서는 꽃게 상자를 천장까지 쌓아 두고도 모두 주문받은 거라 팔 수 없다 해서 사 먹지 못한 일이 있었다. 그곳은 저녁때가 되면 물건 찾으러 오는 사람으로 길게 줄을 섰다. 과일뿐만 아니라 음식 재료까지 잘 팔리는 모양이었다. 코로나로 집에 머무는 시간이 늘어나면서 밥을 직접 해 먹는 일이 많아졌기 때문이다. 가끔 반찬 가게에 들러 찬거리를 고르다 보면 동네 주민을 만나는 일이 있다. 같은 걸 사 들고, 오늘 저녁 식탁 메뉴는 똑같을 거라며 웃곤 한다.

이 시기에 생겨난 신조어로 '돌밥'이란 말이 있었다. '돌아서면 밥할 시간'이란 뜻인가 보다. 하루 세 번 식구들 끼니를 해결해야 하는 주부들에게 끝없이 반복될 것 같은 그 일은 마치 '신화 속 시시포스의 돌굴리기' 같다. 특히 성장기 아이들은 맨날 속없이 '오늘은 뭐 먹어요?' 하고 묻는 게 일이다. 더구나 입맛이 고급스러운 요즘 아이들에게 매일 다른 음식을 갖다 대령하려면 많이 힘들겠다. 보릿고개도 아닌데 '아가, 뛰지 마라. 배 꺼질라.'라는 말이 절로 나올 법하다. 그렇지만 아이들은 금방 자라난다. 둥지를 떠날 때가 어느 순간에 찾아오고 마는 것이다. 그때 식탁에 둘러앉아 함께 밥 먹던 시절을 그리워하게 될 것이다. 몇 년 전에 우리나라는 야근하느라 집에서 밥을 먹지 못하는 일이 많아 '가족 사랑의 날'을 정했었다. 수요일은 정시에 퇴근해서 가족과 함께 저녁을 먹자는 캠페인이었다. 가족 사랑은 곧 가족 밥상이라는 것을 생각하면 다 함께 밥 먹을 시간이 많아진 요즘, 코로나가 가져다 준 선물이 아닌가 싶다.

지난 주말에는 친정 식구들이 모여서 김장을 했다. 오랜만에 비워 둔 집을 활짝 열어 두니 어머니 계실 때의 풍경이 살아났다. 마당에는 자동차가 가득 들어서고 이 방 저 방에 식구들이 복닥거린다. 아직은 보일러도 쓸 만하고 살림살이도 그대로라 별문제 없지만 많은 사람의 끼니가 가장 큰일이었다. 모였다 하면 스무 명 남짓, 식사를 해결하려면 어깨가 좀 무겁다. 주말이면 늦잠 자는 버릇대로 아침까지 누워 있는 동안 휜 허리를 싱크대에 기대 음식을 만들던 어머니 뒷모습이 생생하게 떠올랐다. 한 번도 대식구를 먹이는 일이 힘들다고 말해 본 적이 없어서 그러려니 했다. 이젠 언니들이 그 뒤를 이어 부엌일을 하면서 어머니를 너무나 그리워한다. 어머니가 그러셨던 것처럼 큰솥에 밥을 짓고 커다란 냄비에 국을 끓이고 대대로 내려온 장맛을 살려 반찬을 만들어 낸다. 배부르게 먹고 나면 뭔가 위안을 받은 듯 마음이 따뜻해진다. 올해도 내 것 네 것 없이 열심히 일해 무사히 김장을 끝냈다. 여럿이 함께하니 훨씬 즐겁고 신났다. 자주 만나지는 못해도 다음 김장할 때까지 같은 김치를 먹으며 식구로서 견고하게 이어질 것이다.

식구란 말은 가족이란 말보다 더 두터운 의리 같은 게 느껴져서 좋다. 의무나 책임을 따르기보다 끈끈한 정으로 뭉쳐진 털실 같은 존재랄까. 끝을 따라가다 보면 모두가 연결되어 있을 것이다. 어쩌면 지구는 커다란 밥솥인지도 모른다.

그 자리에서

제사를 도맡아 지내게 된 것은 시어머니 병환을 알게 된 때부터다. 시어머니가 70대 중반이 되면서 소화가 잘 되지 않아 병원에 다니기 시작했다. 처음에는 위장 장애로만 알았다가 정밀 검사를 통해 내장 기관에 큰 혹이 생겼다는 결과를 받았다. 누워서도 배를 만져보면 볼록하게 잡힐 정도였다. 광주에서는 당장 수술해야 한다는 소견이 있었지만, 서울에 있는 병원에 가니 평생 살살 달래가며 친구처럼 데리고 살아야 한다고 했다. 위험한 부위라 수술하면 오히려 생명이 단축될 수 있다는 것이었다. 한의원에 다니며 침을 맞고 먹는 것을 제한하며 자연 치료법에 애를 썼다. 겉으로는 의연해 보였으나 부모님 모두 눈에 띄게 기력이 약해져 갔다. 남몰래 눈물 짓던 모습을 그저 말없이 지켜

볼 수밖에 없었다.

어머니는 몇 년 동안 향교에서 장의는 물론 여성 유도회 일을 열심히 했다. 최근에는 보건소에서 운영하는 '건강 체조 교실' 강사로도 활동해 오고 있었다. 노인인데도 꼿꼿하고 몸매가 예뻐서 젊은이들과 전래 춤 공연을 함께하기도 했다. 그런데 병을 알고부터는 모든 것을 놓아 버렸다. 건강에 자부심이 있었는데 자존심도 상했을 것이다. 평생 남에게 아쉬운 소리 한번 할 줄 모르던 시아버지는 걱정이 많아졌다. 두 분에게 인생의 전환점이 찾아온 거였다. 살아온 날을 되돌아보게 되는 계기가 되었을 것이다. 어머니에게 짐 될만한 일을 정리해 나가기 시작했다. 농사 일을 그만두고 모임도 줄일 것을 권했다. 제사는 우리에게 넘겼다. 언제 와도 올 것이 그때 온 것이었다.

증조부모와 조부모 제사를 합쳐 한날에 지내기로 했다. 남원에서 맞춘 제기며 창호지로 곱게 싸서 보관해 놓은 제의 등이 우리 집으로 왔다. 시아버지는 손자가 사는 곳으로 가시자며 조상께 고하고 고향을 떠나 아파트로 위패를 모셔왔다. 그리고 첫 제사를 지내는 날 거실 가득 친척들이 모였다. 시집살이에서 가장 큰 역사적인 날이었다. 무사히 제사 지내기를 마치니 어르신들이 하나같이 고생했다며 등을 두들겨 주었다. 큰일을 치러낸 어깨가 뿌듯해졌다. 제사에 참석했던 사람들이 모두 떠나고 난 뒤 그릇을 말리는데 햇살이 눈부시게 빛났다. 수북이 쌓인 그릇을 보며 누군가 희생하면 사람과의 관계가 이렇게 이어지는구나 싶었다. 하지만 언제까지 이 일을 하게 될지 생각하면 아득하기도 했다.

어머니는 전통 방식 그대로 제사상을 차렸다. 물론 필요한 것은 시장에서 사서 쓰지만, 묵이나 떡 등은 집에서 만들었다. 닭도 직접 잡았다. 깨끗하게 털을 뽑아 모양을 살려서 젯상에 올리는 걸 좋아했다. 그동안 지켜본 시어머니는 한 번도 힘들어하는 기색도 없고 불평 한번 해 본 적이 없었다. 오랜 세월 동안 어떻게 그렇게 할 수 있었는지 위대한 힘을 그때야 온전하게 깨달았다. 드디어 나도 어른이 되었나 보다. 남에게 의지만 하던 내가 그제야 주인이 되어 일을 치러냈기 때문이다. 하지만 늘 고민이다. 제사나 차례상을 차릴 때마다 전통과 페미니즘 사이에서 갈등하는 나를 발견한다.

시아버지는 어머니보다 먼저 세상을 떠났다. 특별하게 아픈 적이 없어 걱정을 안했는데 덜컥 폐암에 걸린 것이다. 남은 생을 사는 동안에 어머니 혼자 살아도 불편함이 없게끔 이것저것 손보았다. 전기, 난방, 수도를 점검하고 마음대로 농산물 보관하라고 저온 창고를 짓고 묘지도 미리 만들어 다니기 좋게 길을 시멘트로 포장까지 했다. 어머니는 그 집에서 아버지와의 추억을 하나하나 정리해 나가며 여생을 마무리했다. 두 분은 좋은 본보기를 남겨 주었다.

시골집에서 되돌아올 때면 배웅하느라 오랫동안 손을 흔들며 서 있던 부모님은 늘 가슴을 뭉클하게 했다. 언젠가는 보지 못하게 될 정경인 것을 알기 때문이다. 한결같은 마음으로 자식들에게 좋은 걸 주려고 애쓰던 이들은 이제 모두 떠났다. 우리도 그렇게 세대를 이어갈 것이다. 그 자리에서 각자 다른 방식으로.

청소 끝

아이들이 가장 좋아하는 점심 시간, 하지만 달콤한 시간을 즐기려면 청소를 해야 한다. 몇 명밖에 되지 않지만 활동한 뒤끝은 늘 어지럽혀져 있기 마련이다. 아이들은 밥을 먹고 양치질을 한 다음에 청소를 시작한다. 다음 날도 그다음 날도 이어지는 풍경이다.

점심시간에 조금이라도 더 많이 놀려면 짧은 시간에 열심히 해야 한다. 맡은 구역이 끝나면 시간이 오래 걸리는 마룻바닥 쓸기를 돕는다. 아이들은 교실 바닥 청소를 좋아하지 않는다. 눈에 잘 보이지 않는 먼지들이 많아 조막만한 손으로 쓸기에는 힘에 부치기 때문이다. 그래도 제법 쓰레기가 모이고 교실이 환해진다. 옛 어른들이 '눈이 게으르지 손은 부지런하다'고 했던 말씀이 딱 맞는 것 같다. 그렇게 바닥 쓸기가 끝나고 청소 용구가 말끔하게 정리되면 그때야 '청소 끄읕~!' 이라고 외친다. 그 말을 듣는 순간 아이들은 '와아!' 함성을 지르며 운동장으로 쏜살같이 뛰어나간다. 숨바꼭질, 좀비 놀이로 시간 가는 줄 모를 것이다. 항상 반복되는 일이지만 끝났다는 것은 늘 마음을 가볍고 신나게 해 주는 말인 것 같다.

며칠 전 지인의 둘째 아이가 결혼했다. 자식 사랑이 남달라서 애지중지하는 게 몸으로 느껴졌다. '아이들에게서 배웁니다' 라는 카톡 프로필 문구를 보면 부모의 사랑을 먹고 자란 자식들이 반듯하게 잘 자랐다는 걸 알 수 있었다. 큰아이가 아이를 낳기 전 열 달간 기록한 산모일지는 얼마나 정성이 갸륵한지 놀랐다. 잘 자라고 있는 아이 사진을 볼 때마다 내림 있는 육아라는 생각이 절로 들었다. 둘째 아이 결혼을 축하해 주었을 때 며느리 이름을 부르며 축복해 줘서 고맙다는 인사말로 답을 해 주었다. 시부모 사랑이 퐁퐁 솟아나는 것 같았다. 자식들에게 좋은 짝을 맺어주는 게 부모로서 마지막 도리라고 여겨왔던 나는 엄청 부러웠다. 요즘 '결혼한다' 라는 것은 여러 가지가 해결된 것을 의미한다. 결혼할 대상은 물론 직장과 살 집이 있다는 것까지 아우르는 말이기 때문이다. 그래서 어울리는 말은 아니지만 '청소 끝!' 이라는 말이 자꾸 떠오른다. 마땅히 해야 할 일을 다 마친 기분은 얼마나 개운할까?

내 둥지에는 커다랗게 자라 버린 두 마리 새가 있다. 대학 다니느라 잠시 떠나 있을 때만 해도 그렇게 둥지를 벗어날 줄 알았다. 무자식이 상팔자란 말을 어렴풋이 실감하며 내 시간을 즐겼다. 종일 명상한답시고 방을 지키고 앉아 있어도 괜찮을 만큼 자유로웠다. 반찬 만드는 일에 신경 쓰지 않아도 되었고 늦게 들어오거나 늦잠을 잔다고 잔소리할 일도 없었으니 말이다. 그런데 다시 시작된 장성한 아이들과의 동거 생활은 좋으면서도 숙제를 마치지 못한 것 같아 마음이 불편하다.

'집을 떠나야 진정한 어른이 되는 것'이라고 우리 세대는 응당히 그랬다. 누구나 결혼을 하고 자연스럽게 아이를 낳아 기르면서 어른이 되었다. 그런데 자식 세대는 취업이 어려우니 결혼을 못 하고 결혼을 못 하니 진정한 독립을 하지 못하는 것이다. 가장 좋은 때란 정해져 있는 것이 아닐진대 때를 놓치고 있는 것 같아 소심하게 조바심이 난다. 인생의 참맛을 알지 못한 채 나이만 들어버리지는 않을지 걱정이 되는 것이다. 그러다 문득 쓸데없는 걱정거리를 만들어 내 마음을 어지르고 있는 자신을 발견한다.

인생은 끊임없이 반복되는 시시포스 신화다. 끝냈다고 해서 끝난 게 아니란 걸 인생의 고비마다 느껴왔다. 우리가 살아 있는 동안에 끊임없이 반복해야 하는 일은 내 주변을 자주 돌아보고 정리하는 일일 것이다. 어떤 것은 상황을 있는 그대로 받아들여 그러려니 하고 살아야 하는 것도 있다. 마음 정리를 하니 단번에 청소를 끝낸 듯 홀가분하다.

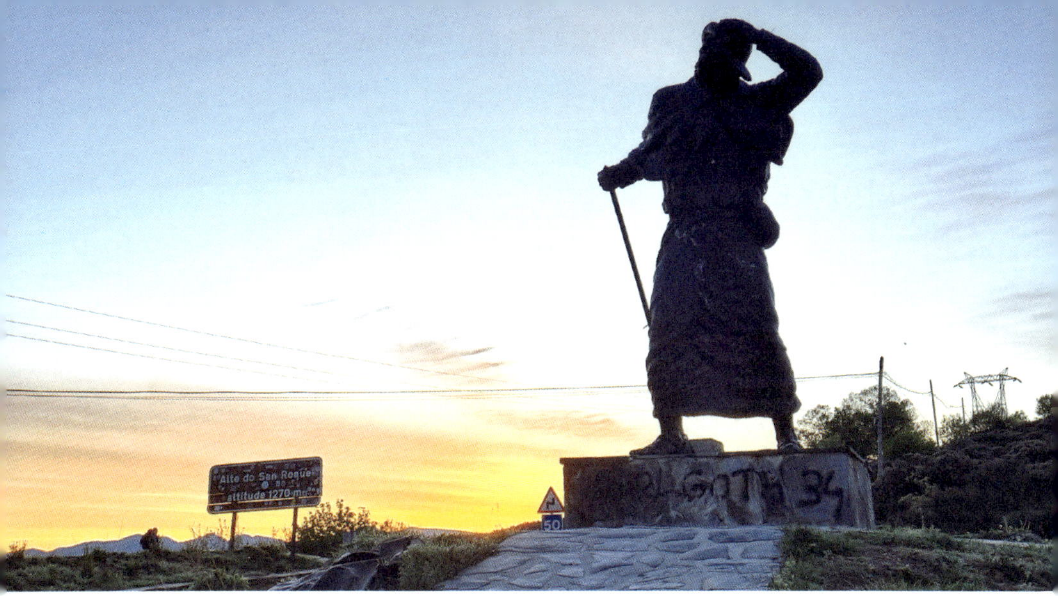

4부

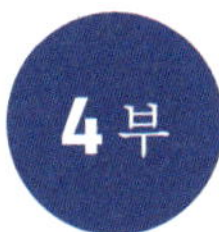

바로 지금이야

가장 좋은 때란 없다.

망설이고 있는

바로 지금이다.

날아올라!

오래전 파울로 코엘료의 〈순례자〉를 읽은 뒤로 꿈이 하나 생겼다. 나도 언젠가는 그 길 위에 서리라 마음먹었다. 아이들이 자라서 손쓸 일이 별로 없게 되자 까마득히 잊고 지내던 독서를 시작하면서 만났던 책이다. 그렇게 만난 첫 책이 바로 운명처럼 나를 산티아고 순례길로 이끌었다. 그 길에선 누구나 '부엔 까미노'로 인사한다. 마치 아침에 일어나서 식구들에게 '좋은 아침!'이라고 스스럼없이 말하듯 머나먼 나라에서 만나는 누구에게나 그렇게 인사하게 될 줄이야.

퇴직하고 신분을 벗어나니 그렇게 홀가분할 수가 없었다. 팽팽하던 풍선이 자유롭게 하늘로 날아오르는 기분이었다. 가볍디 가벼워진 마음은 어딜 가든, 무슨 일을 하든 거칠 게 없었다.

모르는 것이 너무나 많고 언어 장벽이 컸지만 걱정되지 않았다. 앞으로 일어날 문제는 생각해 보지 않았다. 안내 책자에서 알려 준 대로 노란 화살표를 따라가다 보면 목적지에 닿을 것이라는 단순한 생각으로 먼 길을 떠나려 했다니. 지금 생각해 보면 무모하기 짝이 없다. 그것을 깨닫는 데는 얼마 걸리지 않았다. 외국에 나가서 당장 먹고 자는 일이 현실이 되었을 때, 한 걸음 한 걸음 걸을 때마다 '감사'라는 화두를 입에 달게 되었다. 내 힘으로만 이뤄지는 일은 아무것도 없다는 것을 알게 된 순간, 나는 순례자가 되어 있었다.

작년 같았으면 새 학기에 적응하느라 신경이 예민하고 피곤해 있었을 텐데 순례길을 준비하는 일은 분주했지만 무척 설렜다. 오랜만에 느껴보는 감정에 힘이 솟았다. 이것저것 자료 찾는 일도 재미있었다. 천 년이 넘는 오랜 역사를 지닌 순례길이라 차곡차곡 쌓인 정보를 얻을 수 있는 곳이 얼마든지 많았다. 책이나 동영상 자료는 물론이고 여러 가지 까미노 애플리케이션이 개발되어 손쉽게 다녀올 수 있도록 도움을 주었다. 산티아고 순례길을 걷는 방법은 여섯 가지가 있는데 세계인이 가장 많이 이용한다는 프랑스 길을 택했다. 틈만 나면 '그론즈(Gronze.com)'에서 제공하는 정보를 들여다보며 내가 가야 할 곳을 마음속에 그려 보았다. 우리나라에는 '까친연(까미노 친구 연합회)'이라는 인터넷 카페가 있다. 이미 다녀왔거나 걷고 있는 사람, 앞으로 갈 사람과 가고 싶어 하는 사람들의 이야기로 넘쳐났다. 교통편이나 숙소, 길 정보들을 실시간으로 읽다 보면 밤마다 이미 그 길을 걷고 있었다.

내가 선택한 길은 피레네산맥을 넘어 스페인의 나바라와 라리오하 지방, 메세타, 칸타브리아산맥을 돌아 성 야고보의 무덤이 있는 대성당까지 가는 데 약 40일간의 일정이 걸린다. 다양한 지역을 소화해 내려면 머리부터 발끝까지 신중하게 골라야 했다. 여권 갱신이나 비행기표 구매, 유로화 환전 등의 기본적인 것은 쉽게 챙겼다. 하지만 옷가지는 물론이고 짐을 꾸릴 배낭이나 알베르게에서 쓸 침낭 등의 재질과 크기, 가격과 성능 등을 놓고 갈등이 많았다. 신발만 해도 등산화와 운동화 스타일 중에 어떤 것을 고를지, 방수 성능 제품이 좋을지 아닐지, 크기는 얼마나 큰 걸 사야 하는지 고민하며 준비하는 동안 시간은 하루하루 휙휙 지나갔다. 틀림없이 날마다 가속도가 붙었을 것이다.

막연하게 그리던 '까미노(순례길)'라는 세 글자가 점점 현실로 다가오기 시작한 3월 중순이 되었다. 저울을 놓고 눈금을 확인하면서 짐을 쌌다. '이건 필요하지 않을까?' 하고 넣었다가 무게가 나가면 빼기도 하고 '이건 필요하지 않을 것 같아' 란 생각이 들었다가 미련이 생겨 도로 넣기도 하며 최종 마무리를 했다. 내 배낭은 9kg, 남편 배낭은 12kg이 되었다. 순례길을 다녀온 사람들의 경험담과 비교해 보면 짐이 좀 많기는 했으나 미련을 버리고 더 이상 손대지 않기로 했다. 준비한 것을 그대로 메고서 지리산 둘레길을 걸었다. 왕복 23km였으나 걸을 만했다. 제일 걱정되었던 신발이 무척 마음에 들었다. 그곳은 지금이 우기라니 방수 기능이 있는 트래킹화로 골랐었다. 땀이 나도 괜찮고 발가락을 잘 감싸 주어서 물집 생길 일은 없을 것 같았다. 다리 관절도 무사했다. 고마웠다.

'이만하면 되었다, 비행기 탈 날만 기다리면 되겠다.'라고 생각하던 참에 덜컥 코로나바이러스에 감염되고 말았다. 떠나기 딱 일주일 전이었다. 정말 기막힌 타이밍이었다. 직장 생활하는 동안 한 번도 걸리지 않고 무사히 빠져나온 터널에 갇히고 만 것이다. 14일 격리에서 일주일로 바뀌어 얼마나 다행한 일인지. 유럽에서는 코로나바이러스 감염 여부 입국 제한이 진즉 풀렸다고 했다. 그러나 언제 갑자기 법이 바뀌어 출국은 물론 입국을 거절당하지 않을까 고열에 시달리면서도 걱정이 되었다. 떠나기 이틀 전에야 겨우 열이 떨어졌다. 잘 쉰 덕분인지 몸도 가뿐해져서 여행하는 데는 별 지장이 없을 것 같았다. 모든 것이 원래대로 돌아왔다.

드디어 때가 되었다. 어느새 꽃을 피우고 난 민들레가 꽃대를 쑤욱 밀어 올리고 바람을 탈 준비를 하고 있었다. 살랑살랑 부는 바람이 내 겨드랑이도 간질였다.

지금 아니면 나중이란 없다.

'날아올라, 바로 지금이야!'

물 들어올 때 노를 저어라

•
•
•

지방에서 해외로 나가려면 인천공항으로 가는 것부터가 난관을 헤쳐 나가는 일이다. 온 식구가 잠을 자지 못하고 버스 시간을 기다리려니 시간이 더디 간다. 커다란 배낭에 든 17종 이상의 물건을 마지막으로 점검하고 따로 가져갈 작은 가방도 확인했다. 여권과 아이들이 회갑 기념으로 거금을 마련해 주어서 빵빵하게 채운 비씨카드가 든 지갑도 다시 한번 살펴본다. 절대로 몸에서 분리해서는 안 될 것들이다. 느리게 가던 시간이 갑자기 빨라졌다. 럭비 선수처럼 어깨를 걸고 파이팅을 외친 다음 집을 나섰다. 기분이 일상을 조각하는지도 모르겠다. 한 치 앞을 알 수 없는 일인데도 누군가 도와줄 것 같고 뭔가 잘 해낼 것 같았다.

밤새도록 달려 버스는 인천공항 제2 터미널로 데려다주었다. 금세 아침이 찾아왔다. 2023년 3월 31일이었다. 공항 식당가에서 오랫동안 먹지 못할 걸 생각하여 매운 양지머리 곰탕으로 요기하고 에어프랑스 비행기에 올랐다. 러시아 항공을 돌아가느라 더 오래 비행기에 머물러야 해서 뭐라도 잘못될까 봐 노심초사했지만 점점 느긋해졌다. 우리 옆자리는 젊은 커플이었는데 2주일 가량 프랑스와 이탈리아를 여행할 거라고 했다. 쉬는 공간에서 만난 어떤 여성은 덴마크로 워킹 홀리데이를 떠난다고 했다. 300명이 넘는 승객이 다양한 이유로 비행기를 탄 것이었다. 남편이 점심밥은 언제 주냐고 엉터리 영어로 물어봐도 금세 알아먹고 한 시간 뒤라고 친절하게 대답해 주는 이웃집 아주머니 같아 보이는 프랑스 스튜어디스가 인상적이었고 중간중간에 휴식할 수 있는 공간이 있어 자유롭게 간식을 집어 먹고 스트레칭을 할 수 있어 좋았다.

드디어 열네 시간 만에 파리에 도착했다. 무작정 사람들이 많은 쪽으로 따라갔다가 큰 낭패를 볼 뻔했다. 그 일행은 환승객이었다. 다시 제자리로 돌아와서 입국 심사장을 찾아갔다. 긴 줄이 끝없이 이어졌다. 걱정하며 서 있는데 멋쟁이 이탈리아 부부가 우리를 보더니 손짓하며 불렀다. 한국 사람 너무나 좋아한다며 자리를 양보해 주는 것이었다. 신시아 아줌마, 패션 감각도 멋지고 환하게 미소 짓는 모습도 정말 예뻤다. 헤어질 때도 한없이 손을 흔들어 주어 오래도록 기분이 좋았다. 그 후로도 한국에 우호적 태도를 보이는 외국인을 자주 볼 수 있었다.

입국심사를 마친 뒤 짐을 찾았다. 춘천에서 온 아주머니와 우리 배낭만 달랑 남아 있었다. 두 시간 뒤에 딸을 만나기로 한 그 여성과 정말 어리바리한 여행객이라며 함께 웃었다.

공항 밖으로 나와 파리 시내로 가려고 지하철표를 끊었다. 푯값이 23.8유로였다 처음으로 신용 카드를 사용해 보려고 했는데 계속 헛티켓만 나오는 것이었다. 당황해서 식은땀이 났다. 다행히 주변에 흑인 여성 안내원이 서 있어서 도움을 청했다. 동전을 달라고 하더니 내게서 20유로를 가져가고 3.8유로를 본인 돈으로 표를 끊어 개찰구까지 배웅해 주었다. 고마운 일의 연속이었다.

포트로열 역에서 내렸다. 노조 파업으로 걱정이 많았는데 다행히 거리는 생각보다 깨끗했다. 처음으로 스마트폰 구글맵을 켰다. 숙소를 찾아 무거운 배낭을 메고 플라타너스 가로수가 쭉쭉 뻗은 거리를 한 시간 넘게 걸었다. 드골 공항에서 어렵게 지하철을 탔는데 또 갈아타는 것이 두려워 그냥 걸어가기로 했기 때문이다. 걷는 것은 이력이 붙은지라 아무렇지 않았다. 호텔이 몽파르나스 역 부근에 있어 그곳까지 가는데 크게 헤매지는 않았다. 그러나 묘지를 지날 때였다. 조금씩 내리던 비가 하필이면 폭우로 변했다. 비를 피할 만한 곳이 없어서 한참 억센 비를 맞고 걸었다. 점점 목적지가 가까워지자 대단한 일을 해낸 것처럼 기뻤다. 캠파닐파리14 호텔에 도착해서 무거운 배낭을 내려놓자마자 팽팽했던 긴장감이 한순간에 화르르 풀렸다. 집 떠난 지 꼬박 하루 만에 프랑스 아주 작은 공간에다 짐을 풀었다.

다음 날은 파리 시내를 구경했다. 몇 년 전에 프랑스와 스위스 여행을 한 적이 있어 바로 순례길로 떠나려 했는데 남편은 파리가 처음이라 계획을 바꾸었다. 일정상 하루밖에 여유가 없어 '파리 준'이라는 여행회사에서 제공하는 택시 관광을 했다. 한국인이 기사로 나와 안내해 주었다. 에펠탑, 베르사유 궁전, 고서점 거리, 몽마르트 언덕 등을 둘러보았다. 화재로 무너져 버린 노트르담 성당에도 가 보았다. 복구 중이라 안은 볼 수 없었다. 그 앞에서 순례길을 걷는 동안 우리를 도와줄 모든 것에 감사와 축복을 담아 기도를 올렸다. 〈순천만 국제정원박람회〉 펼침막을 들고 성공 개최 기원을 담은 사진도 찍었다.

길었던 하루, 기회가 있을 때마다 부지런히 노를 저었다. 그랬더니 조금씩 앞으로 나아간다. 앞으로도 그렇게 될 것이다.

낯선 문

•
•
•

파리에서 이틀을 머물고 산티아고 순례길의 첫 시작점인 생장피에드포르로 떠났다. 몽파르나스 역에서 고속철도인 테제베를 타고 네 시간 걸려서 바욘역에 도착했다. 철도 파업으로 언제 교통이 멈출지 알 수 없었던 파리를 벗어난 것만으로도 어두운 터널을 통과한 셈이었다. 그런데 문제는 다음에 일어났다. 그곳에서 내려 완행열차로 갈아타야 하는데 표를 어떻게 끊는지 몰라 우물쭈물하다 기차를 놓치고 만 것이다.

다음 기차는 다섯 시간 후에야 탈 수 있다고 했다. 그때만큼 막막했던 일이 다시는 없었던 것 같다. 마을에 가면 차분하게 해야 할 일이 많았다. 도착하는 대로 순례자 사무실에 들러 크레덴샬(순례자 여권)과 순례길 지도를 받고 여러 가지 조언을 들었어야 했다. 오래된 순례길의 관문인 마을을 느긋하게 구경하며 새벽에 나설 길의 방향을 미리 알아두었어야 했다. 그런 계획이 한순간에 일그러져 버렸다. 생각처럼 되지 않는 게 인생사인 모양이다. 바욘 역에는 집시 같은 사람들만 몇 명 남아 있었다. 조급한 내 마음과는 달리 그들은 맨바닥에 기대 편하게 앉아 있었고 비둘기들은 먹이를 찾아 부지런히 돌아다녔다.

시간이 흐르다 보니 한눈에 알아볼 수 있는 사람들이 모여들기 시작했다. 커다란 배낭을 메고 두리번거리는 사람은 거의 순례객들이었다. 일본인 모리 씨를 제일 먼저 만났다. 그는 쾌활하고 붙임성이 좋았다. 미국에서 왔다고 먼저 말을 걸어왔다. 서로 소개하며 떠듬떠듬 영어로 대화를 나누고 있는데 지구인이 모여들었다. 유럽에서 온 사람이 가장 많고 아메리카 대륙에서 온 사람도 몇 명 있었다. 이야기를 나누다가 기념사진을 찍고 우리는 점심을 먹으려고 역사 밖으로 나갔다. 그리고 무슨 일이 생길지 몰라 커다란 바게트를 사서 가방에 넣었다. 그러고도 시간이 많이 남아서 바욘 시내를 구경했다.

바다로 흘러드는 강이 있고 나지막한 건물들이 평화롭게 들어서 있는 그곳은 내가 사는 도시 순천을 닮았다. 세찬 바람을 맞으며 다리를 건너 시내로 들어가니 포근했다. 파리에서 느꼈던 긴장감 없이 편한 마음으로 여기저기 돌아다닐 수 있었다.

역사가 깊은 바욘이지만 흥망성쇠를 겪으며 다시 활기를 찾은 것은 얼마 되지 않는다고 했다. 멀리 바욘 대성당이 보였다. 뾰족한 첨탑을 찾아 오래된 골목길을 들어서니 금방 만날 수 있었다. 사순절이라 기도하는 사람들이 있었고, 노트르담 대성당 재건축 기부함도 보였다. 우리도 무사히 순례길을 마칠 수 있도록 은총을 바라는 기도를 하고 기부금도 넣었다.

성당을 구경하던 중에 남편이 바욘에도 순례자 사무실이 있다는 것을 기억해 냈다. 그곳을 찾으려는데 또다시 폭우가 쏟아졌다. 강물은 금세 불어나 넘실거렸다. 카페에서 커피를 마시고 비가 잦아들자 다시 길을 찾아 밖으로 나갔다. 성당 부근이라 쉽게 발견할 줄 알았는데 이 골목 저 골목 헤맸다. 결국 주민이 말한 곳으로 갔는데 몇 번 지나친 곳이었다. 출입문이 빨갛다. 옛날 마구간이었던 곳을 개조해서 알베르게를 겸하고 있다고 쓰여 있었다. 프랑스 사람 중에는 집에서부터 걸어 목적지에 도착한다는 게 실감났다. 이곳에서 크레덴샬과 순례자를 뜻하는 조개껍데기를 받았다. 대부분 생장에서 시작하는데 우린 이곳부터 첫 세요(순례 도장)를 찍으면서 순례길을 시작한 셈이다. 꿩 대신 닭이었지만 색다른 경험이었다.

다시 바욘 역으로 돌아갔더니 사람이 더 많이 모여 있었다. 한 시간 반 정도 걸려 드디어 생장피에드포르에 도착했다. 어느

새 캄캄해진 마을은 아무것도 보이지 않았고 가게문도 모두 닫혀 있었다. 순례자들은 알베르게(순례자 숙소)를 찾아 어디론가 순식간에 뿔뿔이 흩어졌다. 우리도 예약한 곳을 찾아갔다. 너무 늦게 도착하는 바람에 투숙객들은 벌써 잠자리에 들어 있었다. 도미토리 형식으로 한 방에서 여덟 명이 자는 곳이었다. 방해될까 봐 불도 켜지 못하고 더듬더듬 짐을 풀었다. 바욘에서 사 온 빵으로 저녁 대신 먹고 겨우 세수만 한 채 침낭을 폈다. 피레네 산맥을 무사히 넘을 수 있을지 걱정을 껴안은 채 생각보다 포근한 침낭에 놀라며 누에고치처럼 잠이 들었다.

다음 날 아침, 빨리 일어난 줄 알았는데 여러 나라에서 모여든 사람들이 벌써 행장을 꾸려 떠날 준비를 하고 있었다. 우리는 조식을 신청해 놓았기 때문에 조금 기다렸다가 아침을 먹고 문을 나섰다. 굳게 마음을 먹었지만 밖으로 나가는 것이 두려웠다. 어디로 떠나는지 아무도 궁금해하지 않는 시간, 세상은 입을 꼭 다물고 있었다. 산티아고데콤포스텔라로 가는 방향을 찾느라 애를 먹었다. 미리 갈 길을 알아 두지 못해 방향타 없는 조각배를 탄 것 같았다. 다행히 남편이 노란 화살표를 찾았고 800km 대장정을 시작했다. 그렇게 프랑스 국경에 있는 마을 한 귀퉁이에서 한 치 앞을 알 수 없는 낯선 세상으로 순례자라 부르는 첫걸음을 뗐다.

피레네산맥을 넘어

프랑스에서 출발하는 산티아고 순례길은 피레네산맥만 잘 넘어도 절반은 성공한 셈이라고 한다. 그만큼 산이 거대하고 험난하며 날씨는 변화무쌍하다. 그곳에서 조난을 당하거나 체력이 고갈되어 어려움을 겪었다는 이야기를 종종 접할 수 있었다. 우리 부부도 잘 해낼 수 있을지 가장 걱정이 되었던 곳이기도 하다. 새벽에 길을 나서는 바람에 생장피에드포르에서 순례길로 이끄는 화살표를 찾는 데 어려움이 있었으나 어찌어찌 무사히 한 고개를 잘 넘겼다. '걱정한 것보다는 쉽고 생각한 것보다는 어렵다.'라는 경험자들의 말이 딱 어울렸다.

프랑스 길의 첫 관문인 피레네산맥은 두 갈래 즉, 나폴레옹 길과 발까를로스 길로 나뉜다. 나폴레옹 길은 험준한 데다 날씨 변

덕이 심해서 통상 겨울철에는 닫았다가 4월 1일부터 연다고 한다. 반면 발까를로스 길은 우회 도로가 있어 상대적으로 좀 더 쉽다. 산티아고 순례자들은 종교적인 신념에다 도전 의식까지 있어서 나폴레옹 길을 걷고 싶어 한다. 하지만 길이 막혀 발까를로스 길로 접어들어야 했다. 며칠 전부터 폭우가 쏟아진 바람에 산길이 얼어붙어 트레킹이 어려워졌기 때문이다. 어제 만난 사람 중에는 혹시 길이 풀릴 것을 기대해 다음 날 출발하기로 했다는 소식을 나중에 들을 수 있었다. 내게도 아쉬움이 남았다. 수없이 피레네산맥을 넘는 상상을 했었기 때문이다.

비가 갠 아침은 상쾌했다. 얼굴에 스치는 기운이 온통 푸르렀다. 안개가 뭉실뭉실 피어나는 초록 사이로 예쁜 마을이 빠끔히 얼굴을 보여 주었다. 푸른 밀밭과 목장이 펼쳐진 하늘에는 날아다니는 새 소리와 흐르는 개울물이 만나 멋진 하모니를 이루었다. 신선하고 아름다운 풍경에 피레네 산자락을 걷는 일이 정말 기분 좋았다. 이곳이 머나먼 타국이 아니라 지리산 둘레길 어디쯤이나 되는 듯 정답기만 했다. 발까를로스라는 마을에 들어서니 큰 가게들이 몇 개 있었다. 그곳에는 등산객들이 꽤 보였다. 피레네란 요정의 이름을 따서 이름을 지을 정도니 멋진 경관들이 곳곳에 있을 것이다. 평생 돌아다녀도 다 볼 수 없는 지구에 살고 있다는 생각에 가슴이 벅찼다.

슈퍼마켓에서 물과 간식거리를 사고 나서 쉬고 있노라니 바욘 역에서 만났던 한국인이 지나갔다. 그는 튀니지 여행 중에 이곳으로 온 사람이었다. 또 다른 친구도 만났다. 55번 게스트하우스에서 출발한 김해 사는 그녀는 그곳 프로그램을 다 마치고 오느라 늦게 출발했다고 했다. 워낙 걸음이 빨라서 우리를 따라잡았다. 한동안 동행이 되어 함께 걷는 인연이 되었다. 그리고 산티아고 순례길 종착지에서 운명적으로 해후했다.

산 중턱을 넘어갈 즈음 갑자기 악 소리가 났다. 남편에게 무슨 일이 생긴 줄 알고 깜짝 놀랐는데 효주 씨에게 일어난 일이었다. 다리에 쥐가 났거나 신경이 뒤틀린 것 같았다. 걷지 못하고 주저앉아 버렸다. 남편은 가진 것을 모두 동원해서 다리가 풀리도록 도와주었다. 조금 나아지자 함께 천천히 걸었다. 계획했던 것보다 시간은 상당히 지체되었으나 덕분에 지치지 않을 수 있었다. 마을 몇 개를 지나 목적지 절반쯤 왔을 때 개울을 건너는 다리가 보였다. 앞서가던 외국인들이 사진을 찍고 있었다. 뭔가 했는데 나중에 알고 보니 프랑스에서 스페인으로 넘어왔다고 한다. 잘 몰라서 별 감흥 없이 경계를 벗어났다는 게 정말 아쉬웠다. 그곳엔 아무런 장치도 제재도 없었다. 새처럼 자유롭게 국경을 넘나들 수 있다니 놀라웠다. 같은 나라인데도 철통같이 삼팔선을 지키고 있는 우리나라는 무엇이란 말인가?

숨 가쁘게 등성이를 오르고 나니 기념비가 몇 개 보였다. 오랜 역사와 전설이 깃들어 있는 산마루에서 그곳을 지나갔을 수많은 순례자를 그려 보았다. 긴 고리로 이어지는 인연을 느끼며 멀리 눈 덮인 피레네 정상을 올려다보았다. 추위가 밀려와 가지 못한 길의 미련을 떨쳐 내 주었다. 이곳부터 내리막길이다. 목장 길과 숲길을 따라 콧노래를 부르며 가볍게 목적지에 도착했다. 약 26km를 걸어 다다른 곳에는 중세의 신비를 간직한 론세스바예스 수도원이 우뚝 서 있었다. 스페인에서 만나는 첫 마을이었다.

달마는 왜 동쪽으로 갔을까?

론세스바예스는 프랑스와 국경을 이루고 있는 지역이라 오래된 역사적 사건이나 전설이 많은 곳이다. 수도원은 몇백 년간 폐허로 남아 있다가 순례길이 활성화되면서 숙소로 개축하였다고 한다. 주변에는 매일 순례자를 축복하는 미사가 열리는 성당과 레스토랑 등이 있다. 오랜 세월의 흔적이 켜켜이 쌓인 곳이었다.

이곳에 도착했을 때는 오후 다섯 시가 되어 가고 있었다. 스페인에서 맞이하는 첫날이자 공립 알베르게 이용이 처음이라 설렜다. 오스삐딸레로라 부르는 자원봉사자들이 힘들게 도착한 순례자를 따뜻하게 악수와 포옹으로 맞이해 주었다. 그들은 미소를 띤 채 건물 구조와 규칙을 알려 주고 침대를 배정하며 일

회용 침대 커버와 순례 목적을 기록하는 종이를 나눠 주었다. 신발 안에는 신문지를 구겨 넣어 잘 마르도록 도와주기도 했다. 2층부터 방을 배정하는데 180개가 넘는 침대가 있었지만 늦게 도착한 바람에 우리는 지하에 묵게 되었다. 돌로 쌓아올린 지 오래된 벽에는 중세 시대 순례자들의 고단한 몸과 신앙의 열정이 깃들어 쌓인 듯 묵직해 보였다. 어두침침하고 불편했지만, 피레네산맥을 무사히 넘었기에 몸을 누일 수 있는 공간이 남아 있는 것에 오히려 감사했다.

저녁 식사는 일곱 시에 모여서 순례자 메뉴의 음식으로 먹었다. 한 테이블에 열 명 정도 앉았는데 그만 감자가 떨어져서 먹지 못하고 짜디짠 대구 스테이크로 때워야 했다. 그것 때문에 순례길에서 함께 앉았던 사람을 만나게 되면 '오 마이 포테이토!'라 인사를 나누며 웃곤 했다. 음식이 너무 늦게 나오는 바람에 일곱 시 미사를 놓쳤다. 첫날을 무사히 마친 것에 감사드리고 앞으로 펼쳐질 순례길을 축복받고 싶었는데 아쉬웠다.

다닥다닥 붙은 침대라 조심스럽게 짐 정리까지 하고 보니 금세 밤이 깊었다. 땀에 젖은 옷을 빨려고 세탁실에 갔더니 바구니가 줄줄이 놓여 있었다. 규모가 큰 숙소지만 워낙 많은 순례자가 이곳에서 묵기 때문에 오랫동안 순서를 기다려야 했다. 건조까지 마치고 나서 사방에서 코 고는 소리로 들썩였지만 이내 잠에 곯아떨어졌다.

다음 날 새벽녘에 길을 나서는데 남편이 기침을 했다. 일찍 잠이 깨서 일어났다가 담배 피우러 밖에 나간 모양이었다. 뭔가 경고문이 붙어 있었지만 무시했다가 들어오려는데 문이 열리지 않았다고 한다. 나가는 것은 자유로우나 들어오는 것은 안에서 열어 주어야만 하는 시스템이었다. 바로 들어올 요량으로 스마트폰도 챙기지 못했고 피곤해 있을 봉사자를 깨우기 미안해서 냉장고처럼 차가운 댓바람을 맞으며 세 시간이나 떨었다고 한다. 그런 통에 감기에 덜컥 목덜미를 잡히고 만 것이었다. 도저히 얇은 옷으로 한기를 더 이상 견딜 수 없게 되어서야 벨을 눌렀단다. 나는 세상모르고 자고 있던 새에 벌어진 일이었다. 그 후로도 정보를 몰라서, 상황이 안 되어 놓치는 일이 종종 일어났고, 생각지 못한 다른 방향으로 흘러가는 경우도 잦았다.

그는 거의 보름 동안 레온에 도착할 때까지 코로나에 걸린 사람으로 오해받을까 봐 노심초사했다. 아름다운 경치에도 아랑곳없이 콧물이 줄줄 흐르고 기침에 시달려야 했다. 제대로 쉬지도 못한 채 매일 20km 이상 걸어야 하는 삼중 고행(苦行)을 겪었다. 날마다 긴 그림자를 앞세우고 서쪽으로 서쪽으로 가면서도 그는 '달마는 왜 동쪽으로 간 것일까?'라고 외쳐댔다. 힘든 것을 이겨 내려는 주문이기도 했고 아내를 따라온 것을 후회한다는 속내를 담았을 것이다. 그러면서도 길에서 만나는 이들에게 '부엔 까미노!' 하며 인사를 놓치지 않았다. 그리고 순례길 내내 든든한 벗이 되어 주었다.

원하는 것이 아닌 필요한 것

순례길 이튿날 아침이 밝았다. 피레네산 공기가 너무나 상쾌했다. 가는 길에 식사를 할 만한 곳이 있다고 해서 바나나와 빵을 조금 챙겨 먹고 일곱 시 조금 넘어 수비리를 향해 길을 떠났다. 19km, 길지 않은 길이다. 마을 네 개를 지나며 숲과 목장길을 번갈아 어렵지 않게 걸을 수 있다 했다. 시원한 공기를 마시며 아름다운 길을 걸으니 발걸음이 가벼웠다. 하늘도 너무나 맑았다. 낮게 핀 들꽃과 가축 방울 소리까지 경쾌하고 신선했다. 이런 날 무슨 일이 벌어진다는 건 말이 안 되었다.

피레네산맥을 넘을 때 쥐가 나서 도와주었던 효주 씨를 다시 보게 되었다. 함께 이 이야기 저 이야기 나누며 즐겁게 걸었다. 전날 내린 눈이 녹아 갑자기 불어난 물로 길이 사라진 곳을 만났다. 두 착한 남자는 임시방편으로 돌을 놓고 나뭇가지들을 걸쳐 징검다리를 만들었다. 신발을 벗지 않아도 건널 수 있게 되었다. 그곳으로 많이들 건너갔다. 앞으로도 여러 번 다시 만나게 될 팬플루트 연주자 미리엄도 지나갔다. 쉬면서 인사들을 나누었다.

깔끔하게 정돈된 예쁜 마을에 있는 카페에서 점심을 먹었다. 주로 빵 종류와 과일, 우유, 치즈 등이 있었다. 간단한 식사였지만 만족스럽게 잘 먹었다. 목장길을 걸어 목적지로 가기 전 마지막 마을에서 쉬고 있을 때였다. 함께 가던 효주 씨의 작은 가방이 없어졌다는 것이다. 몸에서 한시도 떨어져 있지 않아야 할 여권이 든 가방이었다. 그는 오던 길을 되돌아 잠시 엉덩이를 붙이고 앉았던 돌담 마을로 갔다. 우리는 그가 물건을 찾아서 되돌아올 때까지 천천히 걸었다. 쉬던 장소에 있었다면 금방 다시 만날 수 있었다. 그런데 수비리에 도착할 때까지 나타나질 않았다.

사설 알베르게인 엘팔로데아베야노에 짐을 풀고 자주 전화 통화를 시도했으나 끊기거나 통화가 되지 않았다. 잘못될까 봐 걱정이 컸지만 마을을 둘러보았다. 마을 앞에는 맑디맑은 강물이 흘렀다. 산티아고 순례길을 준비하며 보았던 영화 〈더 웨이(The Way)〉가 떠올랐다. 산티아고 순례길에서 사고로 죽은 아들의 유해를 안고 그의 뒤를 이어 떠난 아버지의 여정을 그린 내용이었다. 그곳은 주인공이 다리 난간에 기대 쉬다가 배낭이 떨어져 물살에 휩쓸려 간 장소 같기도 했다. 무거운 배낭은 죽은 아들을 부둥켜안고 괴로워하는 상징적인 물건으로 보였다. 놓치고 싶지 않은 아들과의 추억, 그것을 잡으려고 애쓰다 절망하지만, 결국은 놓아주며 조금씩 충격과 아픔을 치유해 가는 영화였다.

마을에는 편의 시설이 잘 갖춰져 있었다. 슈퍼마켓에서 먹을거리를 샀다. 우리나라 컵라면 비슷한 거랑 과일, 통조림 등이 있었다. 저녁을 해결하고 밖으로 나가 보았다. 보름이 가까워 둥근달이 떠 있다. 걱정 반 설렘 반으로 달구경을 하고 있을 때 그때야 사색이 되어 나타난 그를 보았다. 다행히 여권이 든 가방은 찾았다고 했다. 결국 쉬던 장소에 있었는데 처음에는 보이지 않았단다. 여기저기 전화해서 이것저것 알아보고 걸었던 곳을 또 걸으며 애썼을 그를 생각하니 마음이 짠했다. 이미 불 꺼진 공립 알베르게를 찾아가서 먹을거리와 약을 건네주고 돌아왔다. 안 그래도 다리가 불편했는데 이 일로 절뚝거리면서 걷는 그를 두어 번 먼발치에서 보았다.

좋은 날이라고 해서 꼭 좋은 일만 있어야 하는 것이 아니었다. 지내놓고 보면 인생에서 그것이 필요했던 날이기도 했다는 걸 깨닫는다. 그를 다시 본 것은 같은 숙소에 묵게 된 날이었다. 산티아고데콤포스텔라에 있는 알베르게에서였다. 그는 우리보다 더 빨리 목적지에 닿았고 이미 묵시아와 피스테라까지 다녀온 뒤였다. 시련을 겪고 나서 한층 더 강해 보였다. 그가 원하는 것은 다른 것이었을지도 모른다. 하지만 직장을 그만두고 떠나온 순례길에서 인생에 꼭 필요한 또 다른 것을 얻지 않았을까 싶다.

달님은 알지요

알베르게에 도착한 순서대로 떠났나 보다. 먼저 온 순례자들의 침대는 텅 비었다. 어제 오후, 팜플로나에 도착했을 때 이미 예수마리아 공립 알베르게 1층은 다 차 버렸다. 우리는 2층에 배정되었는데 워낙 침대 수가 많은 숙소여서 우리 뒤로 도착한 사람들도 자리가 있었다. 밤새 끙끙 앓던 옆 침대 호주 할머니와 브라질에서 온 부부가 늦게나마 함께 오늘 목적지인 푸엔테라레이나를 향해 출발했다. 순례길을 떠난 지 닷새째 되는 날이다.

팜플로나는 프랑스 접경 지역인 나바레 자치 지역의 수도다. 바스크 문화 지역에서 두 번째로 큰 도시다. 중세 나바레 왕국의 수도이기도 했던 도시답게 중세 시대 포격에 대응해 지은 팔각형 성곽이 대부분 남아있어 요새 모습이 잘 보존돼 있다. 7월 중순이면 소떼가 시가지를 달리는 투우로 유명한 산페르민 축제가 열린다고 한다. 유서 깊은 도시라 여기저기 둘러보고 나서 겨우 저녁 식사를 하고 성당에 가서 축복 미사까지 참례하느라 지난밤은 잠잘 시간이 빠듯했다.

안 그래도 느지막이 출발했는데 길을 잘못 든 바람에 더 늦어져 버렸다. 겨우 한 순례자를 찾아서 뒤따라갔다. 혼자 걷는 코르도바 지역에 산다는 아저씨였다. 나훈아를 닮은 그는 커다란 지팡이를 어깨에 걸치고 유유자적 걷는다. 도시를 벗어나는 데는 시간이 꽤 걸렸다. 오랜 세월의 흔적이 남아있는 고풍스러운 구도심을 벗어나니 예쁜 집과 공원이 어우러진 신시가지가 나타났다. 깨끗한 거리에는 조깅하는 사람이나 옷을 멋지게 차려입은 직장인들을 볼 수 있었다. 이것저것 구경하며 걸으니 발걸음도 가볍고 기분도 좋아졌다.

도시의 변두리를 벗어나니 멀리 언덕이 보인다. 그곳에는 줄줄이 풍력 발전기의 풍차가 늘어서서 장관을 이루었다. 하늘 끝을 장식하는 그 풍광은 며칠째 계속되었다. 날씨는 좋았지만 반도 오르지 못했는데 벌써 지쳤다. 손에 잡힐 듯 가까워 보였는데 쉽게 다가오지 않았다. 게다가 순례자들이 갑자기 늘어나서 어깨가 부딪힐 정도다. 유럽 사람들은 부활절 휴가 동안 기차나 비행기로 팜플로나까지 와서 순례길을 걷는다고 한다. 자꾸 뒤를 돌아보며 비탈길을 걷다 보니 드디어 그 유명한 '용서의 언덕'이 나타났다. 그곳에는 나귀를 타거나 걸어서 산티아고데콤포스텔라를 향해 가는 중세 순례자들을 철로 조각한 작품이 세워져 있었다. 이름 때문인지 순례자들은 이곳에 오면서 생각을 많이 하게 된다. 언덕을 오르면서 고해성사하기 전 무엇을 용서해 달라고 할지 나를 되돌아보았다. 그런데 등에 짊어진 짐이 너무 무겁고 걷는 것이 힘들어서인지 자꾸 생각이 끊겼다. 막상 정상에 올라서서는 언덕 아래 펼쳐진 멋진 풍경을 보고 해냈다는 기쁨 때문에 그마저도 잊어버렸다. 대신 내게 잘못한 모든 일을 내가 다 용서하기로 했다. 그렇게 생각하니 마음이 가볍고 신이 났다. 그때까지는 앞으로 일어날 일을 조금도 예측하지 못했다.

언덕을 내려가는 길은 트럭으로 갖다 부어 놓은 것 같은 자갈투성이였다. 자칫 잘못 디뎠다간 미끄러져 낙상하기 쉬웠다. 조심조심 발을 내딛느라 배로 힘들었다. 고해성사 후에 주어지는 보속처럼 느껴졌다. 언덕을 다 내려가서도 좀처럼 거리가 좁혀지지 않았다. 가도 가도 목적지가 나타나지 않았다. 발은 부르터서 물집이 잡힐 지경이고 배는 너무나 고팠다. 배낭은 또 얼마나 무거웠는지 팍팍해진 다리를 질질 끌며 오바노스 마을을 지났다. 그런데 산후안 성당 마당에 철로 만들어진 고통에 찌든 작은 십자가상이 서 있는 것이 아닌가? 그것을 본 순간 내가 받은 고통은 아무것도 아니라는 것이 스스로 느껴졌다.

끝날 것 같지 않던 길도 어느덧 목적지에 다다랐다. '푸엔테라 레이나'는 여왕의 다리라는 뜻인데 12세기 초 산초 3세의 부인이 건설했다고 한다. 용서의 언덕을 넘어오면 대부분 이곳에 머문다. 그런데 부활절 휴가로 사람이 너무 많이 몰리는 바람에 남아 있는 숙소가 전혀 없었다. 일찍 도착해 카페에서 쉬고 있는 순례자들이 그렇게 부러울 수 없었다. 어떡하나 걱정하며 막막하게 다리 근처에 앉아 있는데 얼굴을 익힌 이들이 모여든다. '어디쯤 가고 있을까?' 내내 궁금하던 사람들이었다. 한국인 다섯 명, 미국인 두 명과 함께 다음 마을인 시라우키 마을까지 가기로 했다. 그곳에는 가게나 음식점 같은 게 아무것도 없었으나 침대는 남아 있었다. 더는 걸을 힘이 부족해서 7인승 택시로 21유로를 주고 이동했다. 그 마을에 도착하니 이미 캄캄한 밤이 되어 버렸다. 알베르게에서 준비해 준 병아리콩 수프로 요기라도 할 수 있어서 정말 다행이었다. 숙소를 구하지 못해 각각 떨어져 다른 알베르게에 묵게 되었다는 이버 플로 부부도 만났다. 순례길이 끝날 때까지 헤어졌다가 다시 만나고 만났다가 또 헤어지는 일이 오래도록 이어졌다.

겨우 씻고 잠자리에 들려다 살며시 문을 열고 밖으로 나가 보았다. 보름날이었다. '달님은 알지요? 오늘 하루 살아 내느라 힘들었던 사실을요.' 응답이라도 하듯 환한 달빛이 만물을 자애롭게 쓰다듬고 있었다. 굳었던 마음이 스르르 녹아내렸다. 강하지도 않고 유능한 구석이라고는 없는 내가 달빛처럼 빛나는 은총을 입는다.

그라시아스

•
•
•

역시나 새벽에 숙소를 나섰다. 다음 가는 곳인 나헤라의 정보를 아는 게 없어서 잠잘 곳을 예약하지 못해 무거운 배낭을 그대로 메고 출발했다. 동키 서비스로 짐을 부쳐 버리면 좋으련만 목적지를 정해 두지 않고 29km를 걸어야 하는 여정이라 마음이 무거웠다. 남보다 일찍 서둘러도 느린 걸음으로는 해가 떨어져서야 도착할 것 같아 걱정되었다. 전날 묵었던 로그로뇨의 골목을 빠져나가 호수를 지나니 장엄하게 해가 떠오르기 시작했다. 피어오르는 물안개가 장관이다. 다행히 춥지도 덥지도 않은 바람이 살랑살랑 부는 딱 좋은 날씨였다. 어제는 그늘도 없고 자갈로 뒤덮인 삭막한 포도밭 구간을 걷느라 힘들었다. 그때 명상센터를 운영한다는 내 또래 복희 씨가 말했었다.

'좋은 기분을 유지하는 게 중요합니다. 부엔 까미노!'

가는 길에는 로즈마리가 지천에 피어 있었다. 콧속으로 들어오는 시원한 향이 폐 깊숙이 스며든다. 허브를 좋아해서 순례길을 걷기로 마음먹은 것만으로도 잘했다고 생각하니 힘이 절로 났다. 이대로라면 아무 숙소에 가서 자더라도 괜찮겠다 싶었다. 도중에 부킹닷컴에 올라와 있는 곳에 빈 침대를 예약했다. 한순간에 결정하고 좋든 싫든 따를 수밖에 없는 것이 또한 인생이려니 싶었다. 오래된 마을인 나바레떼를 그냥 지나치려니 아쉬웠다. 집집마다 뭔가 이야기를 주렁주렁 달고 있는 느낌이었다. 무늬가 예쁜 보도블록을 터벅터벅 걷다 보니 또다시 포도밭이 나타났고. 몇 개의 구릉을 지나니 두 갈래 길이 나온다. 글씨가 새겨진 오래된 십자가 아래서 잠시 고민하며 서 있는데 대부분 사람들은 쭉 뻗은 길로 가 버린다. 우리는 조금 더 돌아가는 벤투사 마을로 향했다. 그것은 잘한 일이었다. 바에서 지친 몸을 쉬며 늦은 점심을 먹는데 주인의 미소가 얼마나 멋지던지 한순간에 피곤이 녹는 것 같았다. 입꼬리를 조금만 올려도 기분을 좋게 해 주는 그런 것은 배워야 하리라. 나도 그러기로 마음먹었다.

드디어 나헤라에 도착했다. 엄청 큰 마을이었다. 조금이라도 걸음 수를 줄이려고 마을 입구에 있는 숙소로 정한 엘페레그리노로 들어갔다. 지쳐 쓰러지기 일보 직전이었다. 어서 배낭을 내려놓고 쉬고 싶은 마음이 간절했다. 알베르게 주인은 무척 활달해 보였지만 다혈질이었다. 예약했노라고 말하는데 갑자기 장부를 덮고 손사래를 치며 '노우(No)!'라고 외쳐 깜짝 놀랐다. 더러 인종 차별이 있다는 얘기를 들었는데 우리도 그 꼴을 당하나 싶어 화가 났다. 나쁜 사람 같으니라며 뒤돌아서려는데 젊은 사람이 와서 침대를 배정해 주었다. 알고 보니 식사 중이므로 기다려 달라는 거였었다. 그래도 그렇지 내쫓기는 줄 알았던 우리는 너무나 황당했다. 그런 속내를 읽었는지 그 아저씨는 우리를 볼 때마다 미소 지으며 친절하게 굴었다. 덕분에 포도주 한 병과 음식 재료를 공짜로 받았다. 마음에 담아 둘 게 뭐 있나? 우리도 환하게 웃으며 "그라시아스!"라고 고마움을 전했다. 말이 잘 통하지 않는 곳에서는 미소와 감사 인사만큼 좋은 게 있으랴.

구멍이 뽕뽕 뚫린 붉은 암석 바위가 멀리서도 보이는 나헤라의 풍경은 신비하다. 오래된 역사와 문화로 볼거리도 많다. 하지만 그림의 떡이다. 눈으로 보는 게 전부라 궁금한 게 많았다. 10세기와 11세기를 거치면서 이곳은 나바라 왕국의 본거지 역할을 했고 그 이후에는 이슬람교도가 팜플로나를 무너뜨렸던 거점이 되기도 했다니 오래된 골목은 그런 알 수 없는 신비를 가득 품고 있는 듯했다. 나헤리야 강을 사이에 두고 8개의 아치가 있는 산후안데오르떼가 다리를 지나 순례길을 이어 간다. 아름다운 기사들의 회랑과 신비한 왕가의 영묘를 볼 수 있다는 산따마리아라레알 수도원도 들르지 못했다.

좋다고 연장할 수도 싫다고 줄일 수도 없는 시간을 통과하며 우리는 그렇게 바람처럼 지나간다. 지난날에 감사하고 다가올 날을 기대하며.

춤추는 여자

하느님은 세상을 다 만들고 나서 7일째에 쉬었다. '세상이 보기에 참 좋았다.'라고 했다. 부활절을 맞이한 스페인의 마을은 푸르고 따사롭고 맑고 흥겨워서 하느님 보시기에 참 좋았겠다. 우리는 쉬지 않고 걸은 지 9일째에 최대의 고비를 맞이한다. 그 고비를 벗어나니 '할 만한 순례길'이 되었다.

산토도밍고데라칼사다로 가는 길이다. 거리도 적당한 21km만 걸으면 되었다. 풍경은 아름답고 약간의 오르막만 있을 뿐이다. 그런데 풀썩 주저앉고 싶을 정도로 힘들었다. 이 구간은 거의 마을이 없었다. 따라서 간단한 음료와 음식을 파는 곳도 없었다. 그래서인지 라리오하 평원에 펼쳐지는 초록, 노랑, 황토색에 감탄만 하기에는 너무나 길이 멀게 느껴졌다. 잘 먹지 못해서 힘은 떨어지고 배낭은 유난히 무거웠다. 한낮이 되니 점점 다리가 폭폭해져서 질질 끌다시피 걸었다. 흙길에선 먼지가 폴폴 일어났다.

지난밤 순례자 축복 미사에서 받은 성수를 품에 안고 까미노 아흐렛날을 맞이했다. 날씨가 좋아 길을 떠날 때마다 감탄사를 자아낸다. 동쪽으로는 태양이, 서쪽으로는 달이 이중창으로 세상을 노래한다. 일출은 정말 장관이다. 눈부신 아침 햇살이 퍼질 때면 크고 작은 언덕을 순식간에 넘어와 너른 대지를 감싸버린다. 멀리 지평선에 촘촘하게 박힌 풍력 발전기의 풍차는 찬란한 아침 풍경을 북돋운다. 일출을 구경하고 긴 그림자를 앞세우며 길을 떠난다.

이젠 일찍 길을 나서는 일이 훨씬 쉬워졌다. 자리에서 일어나 짐을 꾸리고 알베르게를 떠나기까지 한 시간이 걸리던 게 반으로 줄었다. 침낭을 동그랗게 말아 주머니에 집어넣고 밤새 말린 빨래를 걷어 옷을 갈아입고 덜 마른 두꺼운 양말은 배낭에 집게로 꼽아 걸어두고 선크림을 바른 다음 대충 요기를 하고 아침 해가 떠오르기 전에 나서면 된다. 공식 아닌 공식이 정해져서 기계처럼 해낸다. 이젠 걷는 것이 어느 정도 몸에 익숙해졌다고 생각했는데 점점 말수가 줄어들고 걸음이 느려졌다.

말없이 터벅터벅 걷다가 그 길을 반으로 접고 싶은 순간 처음으로 울컥 눈물이 났다. 그것의 정체를 알 수 없어서 돌아가신 분들을 떠올려 보았다. 그런데 슬퍼서 흐르는 눈물이 아니었다. 급기야 언덕을 오르다가 더 이상 걸을 수 없어 픽 쓰러지듯 길가에 드러누웠다. 그때 하얀 길을 내며 하늘을 날아가는 비행기가 보였다. 그것은 그토록 갈구했던 그 길 위에 지금 내가 있다는 걸 상기시켜 주었다. 멀리서 개미만 해 보이는 순례자들이 걸어오는 것도 보였다. 저런 걸음으로 210km를 걸어왔던 것이었다. 누군가 순례길이 나를 찾아가는 여행이라고 한 것처럼 회갑을 지난 내 인생길을 돌이켜봤다. 정말 보잘것 없지만 어찌어찌 여기까지 잘 살아왔다. 대견하기도 하고 은혜롭기도 하다. 가지고 온 성수를 다리에 뿌렸다. 그저 감사하니 그 어떤 것도 달게 받을 각오가 차올랐다.

언덕에 오르니 평지가 드넓게 펼쳐져 있고 푸드 트럭도 보였다. 힘들다고 뻗어버렸던 곳에서 겨우 150미터 떨어진 거리였다. 다만 보이지 않았을 뿐인데 한 치 앞을 내다보며 살 수 없는 우리 자신을 본다. 드디어 산토도밍고데라깔사다에 도착했다. 이곳은 산티아고 가는 길 때문에 '산토 도밍고 데 라 칼사다'라는 성인 이름을 그대로 따서 만들어진 마을이라고 한다. 순례자들에게 일생을 바쳐 다리와 둑길을 건설했기 때문에 오늘날 토목 기사의 수호성인이 되었다고 한다. 그래선지 순례자가 편리하게 머물 수 있는 서비스가 잘 갖춰져 있다. 까미노의 성인을 기리는 축제도 벌어지는데 4월 25일에는 닭이 작은북과 함께 행진하는 축제가 있고, 5월 1일에는 성인의 빵을 나눠 주는 행사를 한다고 한다. 까미노에는 전설과 역사가 깃들어 있는 곳이 산재해 있지만 우리 부부는 찾아다닐 여력이 없었다. 수도원을 숙소로 개조한 산토도밍고 알베르게에 짐을 풀고 쉬었다. 최근에 리모델링을 했는지 시설이 깔끔했다. 음식을 먹고 나니 기운이 났다.

빨래터에는 맑고 선선한 바람이 산들거리고 쉴 새 없이 참새들이 지저귀어 댔다. 빨래하고 나서 잔디밭에서 요가하던 선희, 짐 정리를 마친 복희, 세 여인이 만나 춤을 추었다. '저 푸른 초원 위에……' 옛 수도원의 뒷마당이 웃음소리로 가득했다. 고비를 넘으니 참 좋다.

저물어 가는 오후 햇살이 평화로웠다. 스페인에서 처음 보았던 큰 새인 시구아나는 멀리서 드론처럼 날아오더니 종탑 밑 둥지에다 커다란 날개를 접는다.

철의 십자가에서

24일 차 순례길은 메세타 고원의 광활했던 평지 길을 끝내고 레온의 이라고산 오르막을 걷기 시작하는 코스였다. 아스트로가 시내를 벗어나 조금 더 걸으니 산이 나타나고 어느새 열흘 넘게 이어지던 광활한 평원이 저 아래 까마득하게 펼쳐져 있었다. 개미처럼 작은 걸음으로 그 긴 길을 지나왔다니 하찮게 여겼던 발걸음 하나하나가 위대해 보였다. 대부분 지겨워하며 지나오지만 끝에 서면 온갖 감회와 추억이 엉켜 금세 그리워하게 된다고들 한다. 끝없이 이어지는 푸른 밀밭 사이를 사박사박 일정한 발걸음 소리를 들으며 걷노라면 모든 잡다한 생각은 사라지고 명상할 때의 뇌파 상태가 되는 것을 경험하기 때문인가 보다. 아마 대부분의 사람들이 그 길에서 자신이 순례자라는 것을 자각했을 터였다.

작지만 소박하고 포근한 정취를 품은 마라가떼리아의 마을 몇 개를 지나 1,150m 지점에 다다르니 라바날데까미노라는 마을이 나타났다. 마을 입구에 있는 레스토랑에서 체크인하고 숙소가 있는 마을 위쪽으로 더 걸어갔다. 정교하게 쌓아 올린 돌담과 돌을 다듬어 포장한 골목길이 한눈에 보아도 오랜 역사를 지닌 마을답게 고풍스럽고 정갈하게 예뻤다. 하지만 걸어온 길보다 남은 길이 훨씬 줄어든 지점에서 보니 첫 순례길에서 품었던 의욕이 많이 사라진 것을 느꼈다. 잘 곳을 미리 정해 버린 뒤로 안도감에 젖어 숙소에 도착하면 마냥 쉬고만 싶었기 때문이다. 더구나 평점에 상관없이 빈방을 찾아 예약하다 보니 아무도 없는 (주인조차도) 곳에 자리를 잡게 되어 힘도 빠졌다. 다른 사람을 만나 이야기를 나누거나 신경 쓸 일이 없었기 때문이다. 날마다 하던 빨래도 하지 않고 먼저 잠 한숨을 잤다. 깨어 보니 벌써 해거름이 지기 시작했다. 햇살이 길게 마을 건너편을 비추고 있었다. 산 그림자로 빨리 저녁이 찾아오는 곳이었다.

이 마을에는 〈나는 산티아고 신부다〉라는 책을 쓴 한국 신부님이 머물렀다는 성베네딕도회 수도원이 있다는 것을 뒤늦게 알게 됐다. 독일에서 2001년에 '멈추고 쉬어가라'는 의미로 순례길의 길목인 라바날에 세운 것이라 한다. 우리나라 신부로는 인

영훈 클레멘스가 최초로 파견되어 코로나19 대유행이 있기 전까지 소임을 다했다고 한다. 달콤한 잠에 빠져 하마터면 기회를 놓칠 뻔했다. 곧 순례자를 위한 축복 미사가 있었던 것이다. 클레멘스 신부는 "기도하고 일하라"는 베네딕도 성인의 가르침에 따라 순례자 집을 관리하고 수많은 순례자를 돌보며 그곳에서 5년간 선교사로 지냈다. 그동안 프랑스 길을 두 번 걸었으며 그 경험을 바탕으로 산티아고 순례길의 역사적 사실이나 본질적 의미를 되돌아보게 하는 글을 썼다. 또 하나의 역사가 된 그의 발자취를 보려고 찾아갔는데 뜻밖에 또 다른 한국 신부를 만났다. 머나먼 스페인 땅에서 그레고리안 성가로 축복을 받는 일은 특별했다. 수도원에서 운영하는 레퓨지오가우셀모 알베르게에서 쉬어 가지 못한 게 아쉽긴 했으나 그것으로 충분했다.

계기가 무엇이든 간에 산티아고 순례길이 삶과 연결되어 일상으로 돌아가서도 한 발 한 발 충실히 온몸으로 걸어야 한다고 했던 신부님의 말을 떠올리며 다음 날 마지막 오르막길을 걸었다. 1,500m 고지에 이르니 폰세바돈이라는 마을이 있었다. 일찍 라바날을 나섰기 때문에 그곳에 도착했을 때는 아직 떠나지 못했거나 그곳까지 걸어와 아침을 먹고 있는 순례자들이 많이 보였다. 이 마을을 벗어나면 당분간 마을은 구경도 못 하고 노새 다리가 부러진다는 거친 내리막길 연속이라 들어서 내심 단단히 채

비했다. 특히 텔레비전이나 여행기 책자에서 가장 많이 소개되었던 '철의 십자가'를 어디쯤에선가 만나게 되리란 기대도 컸다. 오르막이 끝난 곳에는 거의 평지인 꽃길이 한참 이어졌다. 신선한 아침 공기와 엄청난 꽃길에 취해 수없이 사진을 찍어 대며 아무 생각 없이 걸었다. 보라와 노란색 꽃이 핀 관목이 양쪽 길에 늘어선 사이사이에 온갖 들꽃이 빼곡하게 핀 그곳은 천상의 화원이었다. 백만 장은 될 정도로 셔터를 눌러 댔는데 한 번도 넘어지지 않고 걸었다는 게 신기했다. 그러다 갑자기 철 십자가와 맞닥뜨렸다. 집을 떠나오기 전에도 늘 상상했고 언제 이곳을 지나게 될까 염두에 두었던, 순례길에서 빼놓을 수 없는 이 구조물을 만난 순간 당황했다. 긴가민가하느라 마음에 품어 왔던 생각들이 잠시 흩어지는 듯했다.

철의 십자가는 전봇대 같은 나무 기둥에 허술한 듯 세워진 커다란 십자가로 산티아고 순례길의 상징적인 장소다. 이곳에 오면 대부분 집에서부터 가져온 돌을 놓아 둔다. 그것이 쌓이고 쌓여 커다란 돌무덤이 되었다. 힘든 여정을 견디며 여기에 와서 내려놓았을 수많은 사람들의 흔적이 보인다. 그것은 속죄나 소망, 기도일 것이다. 또 마음의 짐을 버린 것이기도 하리라. 어떤 사연이든 돌 하나하나마다 누군가의 마음이 애틋하게 담겨 있는 것이었다. 나는 연습하느라 걸었던 지리산 둘레길과 고흥 바닷가에서 주운 돌을 올려 두었다. 인생 2막을 시작하는 작은 소망이었다. 그곳을 쉬이 떠나지 못하고 미적거리며 사람들이 두고 간 돌을 구경했다. 한눈팔다 고개를 들어 보니 남편이 멀리 가고 있었다. 주변에는 아무도 없었다. 부랴부랴 뒤따라가느라 오래도록 간직하고픈 사진을 제대로 건지지 못 하고 말았다.

누구는 철의 십자가에는 미련을 버리는 것이라고 했지만 나는 오히려 오래도록 마음에 담아 두었다. 그래서인지 우뚝 솟아 있던 십자가와 돌무덤에서 보았던 여러 흔적, 그리고 푸른 하늘을 가로지른 비행기 지나 간 구름이 아직 눈에 선하다.

노새의 다리

이젠 거의 아무 생각 없이도 잘 걷고 있는 나를 발견한다. 태엽이 다 풀릴 때까지 걷는 자동인형이 되었다. 그러나 오늘은 까미노 중에 가장 힘들다는 구간을 지난다.

몰리나세카로 가는 길은 험한 내리막길이다. 그동안 엄청난 자갈길 몇 군데를 걸어봤지만 구간이 짧았다. 이곳은 다르다. 가도 가도 험준한 길이라 '노새의 다리가 부러지는 곳'이라는 별명을 얻었다. 옛날에는 동물에 짐을 싣고 순례에 나선 이들이 많아서인지 관련된 이름이 몇 개 있다. 짐을 실어 날라주는 '동키 서비스'도 그것인 것 같다. 우리도 배낭 한 개는 5유로를 주고 보내 버렸다. 등짐이 가벼우니 좀 낫다. 어디서 나타났는지 그런 곳을 자전거로 가는 이들이 보였다. 대단한 모험가들이다. 지나오며 순례길에 죽은 사람의 기념비가 서 있는 걸 보았었다. 잘못 되면 죽음일 터였다.

길 중간쯤에서 서울 사는 청년을 만났다. 지난해에 이어 두 번째로 왔다고 했다. 사진에는 예수님처럼 머리를 길게 늘어뜨린 청년이 동생과 웃고 있었다. 이번에는 혼자 왔다고 했다. 새로운 일을 시작하기 전에 다시 한번 포르투갈까지 장장 1,200km를 걸으려고 작정하고 왔단다. 한국에서 온 순례자 중에 청년들이 유독 눈에 띄었다. 대부분 새로운 전환점을 마주하고 있었다. 걸음이 빨라서 바로 우리를 앞질러 갔다. 그런데 몰리나세카에 도착할 무렵에 다시 만났다. 길을 잘못 들어 거의 사라져 버린 옛 까미노를 걷느라 늦어졌다고 했다. 늘 이렇게 예기치 못한 일을 만나게 된다. 노년으로 접어든 우리와는 많이 다른 새로운 경험이 되었겠다. 우리는 조심조심 자갈길을 헤치고 걸었다. 경사가 가파른 데다 크고 작은 돌이 가득해서 발목이라도 접질리면 큰일이다. 그동안 물집 예방하는 데만 신경 쓰느라 애썼는데 그보다 무서운 건 이국땅에서 다리를 다치게 되는 일이다.

작년에 어머니를 여의고 추모하는 마음으로 길을 걷는다는 수경도 만났다. 홀로 걷는 시간이 많아서 생각이 많았을 거다. 금방 간격이 벌어졌지만 산티아고까지 가는 동안 두어 번 더 만날 수 있었다. 걸으면서 노새를 생각했다. 몸집이 작고, 다리가 짧은 노새는 험한 산길에도 잔뜩 짐을 실어 나른다. 암말과 수탕나귀 사이에서 양쪽의 장점만 타고났다는데 인내심이 강하고 지구력이 뛰어나며 피부도 단단해서 무거운 무게를 지고도 잘 지탱할 수 있는 것이란다. 운명처럼 짐을 나르기에 최적화된 셈이다. 말처럼 잘생기고 훤칠했다면 어땠을까? 박경리의 〈히말라야의 노새〉에는 짐 지고 가는 노새를 보고 박범신은 어머니가 생각나서 울었다고 했다. 세상의 어머니들은 평생 가족이라는 짐을 지고 고달프게 사느라 자신을 돌볼 틈이 없었다. 자식을 둔 부모에 순례자가 된 나도 노새를 닮았다. 키 작고, 다리 짧은 내가 노새처럼 무거운 가방을 메고 돌투성이 길을 간다.

그렇게 한참을 내려가니 멀리서도 반짝이며 흐르는 강물이 보였다. 그 곁에 그림같은 성당도 있었다. 순례길에 마주치는 아름다운 마을 중 몇 손가락 안에 든다는 몰리나세카였다. 마을 입구에는 예쁜 돌다리가 놓여 있고 강을 따라 오래된 마을이 죽 늘어서 있었다. 햇빛이 좋아서 윤슬도 아름다운 풍경에 한몫했다. 벌써 도착한 순례자들이 발을 담그거나 수영하며 쉬고 있었다. 우리는 그날그날 겨우 숙소에 도착하느라 잠잘 시간밖에 없어서, 여유로운 순례자들이 부러웠다.

다리에서 한참 떨어진 곳에 우리가 묵을 알베르게가 있었다. 짐을 부치려고 숙소를 부킹으로 예약했었다. 우리 밖에 머물지 않은 알베르게에 짐을 풀었다. 밖으로 나가보지 못하고 창밖으로 하늘에 떠가는 구름을 실은 강을 바라보았다. 어디로 흘러가는 것일까. '기나긴 방랑 끝에 나그네의 슬픔과 기쁨을 한결같이 맛본 사람이 아니면 저 구름을 이해하지 못한다'고 했던 헤르만 헤세의 시가 떠올랐다. 정처 없는 것을 사랑한 시인의 마음을 헤아리며 노새의 다리를 쉰다. 다음 날이면 산티아고데콤포스텔라까지 가는 길이 100단위로 줄어들 것이다.

까페콘레체 주세요

스페인은 3, 4월이 우기다. 그렇지만 우리가 걷는 동안은 거의 비가 내리지 않아 쾌청한 날씨로 축복받은 날들이었다. 간만에 어제 오후부터 비가 내렸다. 엄청 추워져서 오슬오슬 떠느라 몸살기가 나고 다리도 팍팍했다. 오늘도 비 소식이 있다. 물집 때문에 고생하는 남편은 여느 날처럼 걸을 용기가 나지 않는다고 버스를 타고 가기로 했다. 새벽녘에 일어나 하늘을 살피니 잔뜩 찌푸린 구름으로 가득했다. 서둘러 삶은 감자와 우유로 요기하고 바게트를 조금 뜯어 먹은 다음 혼자 길을 나섰다.

산티아고 순례길의 알베르게는 아침 여덟 시 이전까지 떠나야 하고 같은 곳에서 1박 이상은 할 수 없는 규칙이 있다. 그래서 아침은 상당히 분주하다. 우리처럼 체력이 달리고 잘 걷지 못하는 사람은 더 빨리 일어나야 뭐라도 먹고 길을 나설 수 있다. 아침에는 주로 빵이나 우유, 삶은 달걀과 감자에 절임 올리브를 반찬 삼아 먹었다. 스페인의 감자는 참 부드럽고 맛있다. 바게트는 엄청나게 싸서 식비를 줄일 수 있고 여섯 개 들이 달걀을 사면 두 끼를 쉽게 해결할 수 있다. 채소 중에는 파프리카와 상추가 맛있었다. 가져간 튜브 타입 고추장을 바르면 재료에서 나오는 달콤한 맛과 고추장의 매콤한 맛이 기가 막히게 어울렸다. 바게트에 하몽을 넣고 고추장을 발라 먹는 것도 괜찮았다.

아침은 간단하게 해결하지만 점심은 기회가 있을 때마다 메뉴델디아라고 부르는 세 가지로 나오는 요리로 체력을 보충했다. 그것은 전채요리, 본식, 후식인 셈인데 첫 번째는 수프와 빵 종류이고 두 번째는 감자튀김과 고기 종류가 포도주와 곁들여 나온다. 세 번째는 아이스크림이나 케이크로 입맛을 마무리하는 메뉴이다. 가격은 주로 12유로 언저리였다. 뭘 먹어야 할지 말이 통하지 않아 골치 아플 때 좋았다. 스페인은 농업이나 축산업이 발달해선지 음식 재료가 다양했다. 수산물도 풍부해서 오징어와 문어, 새우가 들어간 요리가 많았다. 하루 일 중 '오늘은 어디서 잘까? 무얼 먹을까?' 생각하는 게 대부분이라 음식이 만족스러우면 그걸로 그날의 로또에 당첨된 거였다. 음식도 잊지 못할 추억으로 남는다.

몇 개의 마을을 지나니 비가 내리기 시작했다. 늘 그랬듯 약 9Km쯤 걷다가 쉬었다. 길 양쪽으로 까페나 간단한 음료와 음식을 파는 바가 있었는데 일부러 아무도 없는 건너편으로 들어갔다. 아직도 크리스마스 실내장식이 아기자기하게 꾸며져 있었다. 탁자에 작은 들꽃을 꽂아 둔 자리에 앉아 까페콘레체를 주문했다. 늘 돌아서면 배고프고 먹고 나도 허기지는 순례길이었다. 기초 체력이 없어 밥심으로 버텨 내느라 더 그랬나 보다. 그런데 이걸 한 잔 마시고 나면 힘이 불끈 솟아나서 남은 거리는 거뜬히 소화해 낼 수 있었다. 까페콘레체는 커피 추출기에서 빠른 속도로 에스프레소를 뽑아 우유를 많이 넣은 음료다. 보통 1.2유로로 당시 한국 돈으로는 약 1,600원이었다. 하루 일과가 너무 단조롭다 보니 이걸 주문하는 일이 기대되고 행복한 일이 되었다. 집집마다 맛이 조금씩 다르고 장소에 따라 느낌도 달라지기 때문이다.

더러 따로 떨어진 적은 있었지만 온전하게 혼자 걸은 것은 순례길 33일 만에 처음이었다. 머나먼 외국에서 완전한 나만의 시간이란 놀라운 경험이었다. 열 개 정도의 아기자기한 마을을 말없이 걷는 동안 온 감각이 되살아나 깊이 잠들어 있는 나를 깨우는 것 같았다. 눈에 보이는 것, 귀로 들리는 것 모두가 유난히 더 아름답게 가슴으로 들어왔다. 풀 한포기에도 향기가 오래도록 남았다. 다른 날에 비해서 훨씬 긴 거리였지만 이것저것 마음 둘 데가 많아 지루한 줄 모르고 28.5km를 걸었다. 수도 없이 개울과 다리를 건너며 저절로 마음의 경계가 허물어졌다. 오래되어 부서지고 허물어진 집터를 지나며 내 안의 잡다한 욕심이 자연스럽게 사라졌다. 아무것도 바라는 게 없어진 빈자리에는 나도 모르게 그저 '나'라는 수더분한 동무만 남았다. 세상에 태어나 나와 가장 가까웠고 오로지 내 감각에 집중할 수 있었던 가장 행복했던 날이었다. 그리고 이곳에서 까페콘레체라 부르는 또 다른 벗이 행복을 얹어 주었다.

비 내리는 창밖을 바라보며 부드럽고 달콤한 커피를 마신다. 온몸으로 그 기운이 퍼져나가는 것을 느낀다. 펄럭이는 비옷을 입은 순례자들이 안개비 속으로 사라질 때 가슴이 뭉클하다. 그들이 품고 있을 열정과 행복이 다가온다. '부엔 까미노!' 따뜻해진 온기를 안고 나도 문밖으로 나선다. 이렇게 소소한 것으로 날마다 마법 같은 일을 즐길 수 있다니 참 좋다.

운이 좋았다

드디어 산티아고데콤포스텔라에 도착하는 날이다. 집 떠난 지 38일 만이다. '서쪽으로 가다 보면 언젠가는 목적지에 가닿을 것'이라는 믿음 하나만 가지고 출발한 무모한 첫걸음이 닻을 내릴 때가 왔다. 산티아고는 어떤 모습일지 설렘과 아쉬움이 교차했다. 아무것도 모른 채 떠나왔고 별로 아는 것 없이 되돌아가겠지만 안다. 순례길 한 걸음 한 걸음이 모두 축복이었으며 감사함과 뿌듯함으로 가슴이 벅차오르리란 것을! 오늘이 바로 그런 날이 될 것이다.

오페드로소에 있는 쿠루세이리데페드로소 알베르게에서 여덟 시가 거의 다 되어서야 출발했다. 아침은 고래 부부가 가르쳐 준 것처럼 햇반을 끓여서 오이 피클과 함께 먹었다. 웬일인지 이곳은 투숙객이 거의 없었다. 그래서 주변에 아무도 없이 잠을 잘 잤다. 느긋하게 아침까지 먹고 났더니 금세 시간이 훌쩍 지나 있었다. 순례길이 끝나가니 이력이 붙어 만만해진 것이다. 이버 플로 부부는 벌써 어제 도착했다고 산티아고 대성당 앞에서 뽀뽀를 나누는 사진을 보내왔다. 기뻐하는 감정이 그대로 나타나 있었다.

순례자들이 엄청나게 늘어났다. 학생들은 그룹을 지어 수학여행을 온 듯했고 단체 관광객도 많았으며 아기를 업은 엄마, 유치원생으로 보이는 아이도 보였다. 모두 한 방향으로 열심히 걸어가는 것이 인상 깊다. 쭉쭉 뻗은 유칼립투스 숲과 갈리시아 지역의 특징인 오레오와 돌담이 어우러진 마을들을 지났다. 산티아고가 가까워질수록 소음도 심해졌다. 난개발을 거부하는 것인지, 카탈루냐 독립을 원하는 것인지 여러 현수막도 붙어 있었다. 순례자들은 나를 지나쳐 가기도, 내가 지나치기도 하며 여전히 서로 '부엔 까미노!'라 격려한다. 이런 인사를 나눌 시간이 얼마 남지 않았다고 생각하니 벌써 아쉬움이 스멀스멀 올라온다.

산티아고 대성당을 찾아가는 길의 마지막 마을인 몬테도고조에 이르러 멀리 보이는 대성당의 첨탑을 바라보았다. 구름이 끼어 동영상을 보듯 꿈을 꾸듯 가볍게 흔들리고 있었다. 입가에 미소를 단 채 10km를 단숨에 걸어 시내로 들어섰다. 골목길은 사람들로 넘쳐났다. 얼마나 많은 순례자가 염원하고 갈망한 길인가. 반들반들 닳아버린 보도블록을 걷다 보면 가슴이 벅차다 못해 진동이 느껴진다. 관광객을 헤치고 나아가느라 까미노를 살짝 벗어났다. 구글맵을 켜고 대성당 길을 찾았다. 어디선가 백파이프 연주 소리가 들려왔다. 나중에 들으니 갈리시아 전통 악기인 '가이타'라고 했다. 소리를 따라갔더니 성당 뒤편이었다. 계단을 내려가 왼쪽으로 꺾어 광장에 들어서는 순간 시간이 멈춰버린 것 같았다. 기쁘고 어리둥절한 마음에 잠시 기절했었나 보다. 멈칫거린 순간이 풀리자 곧이어 사람들의 환성 소리가 환청처럼 들렸다.

"아, 여기는 산티아고 대성당입니다. 오, 하느님 감사합니다."

뛰어올랐다 앉았다, 누웠다 일어섰다가 난리를 쳐도 흥분이 쉬 가라앉지 않았다. 어떻게 벅찬 마음을 풀어야 할지 몰랐다. 남편은 아예 얼이 빠져 있었다. 복희와 선희 님을 만났다면 춤으로 감격을 함께 나누었을 텐데 곁에 없는 것이 너무나 아쉬웠다. 알베르게에서 몇 번 마주쳤던 데이비드 프랑스 아저씨, 길에서 자주 팬플루트 연주를 들려주던 미리엄, 마지막 오는 길에 마주쳤던 서울 사는 부부를 만나 포옹을 나눴다. 무사히 도착했음을 서로 축하했다. 한참을 광장에서 서성거리다 늦게서야 순례자 사무실에 가서 완주증을 발급받았다. 이제 산티아고 순례길은 종교적 차원을 넘어 도전과 새로운 출발의 도약이 되었다.

작은 경당으로 들어갔다. 그곳은 순례자가 조용히 묵상하고 기도할 수 있도록 마련된 공간이었다. 광장에서는 사라지지 않던 흥분이 숙연하게 가라앉았다. 손을 모아 감사 기도를 올렸다. 거기에는 이런 글이 적혀 있었다.

> 당신이 가는 길이 솟아오르기를
> 바람이 항상 당신을 등지고 있기를
> 햇살이 당신의 얼굴을 따뜻하게 비추길
> 비가 당신에게 부드럽게 내리길!

목적지를 향해 순례자는 걷고 또 걸었을 뿐이다. 나를 이곳까지 데려다준 것은 바로 이것이었다. 누군가의 바람, 배려, 희생, 기도 덕이었다. 비행기로 열네 시간, 기차로 하루, 그리고 약 800km를 터벅터벅 걸어오는 동안 한국의 조그만 여인은 그저 운이 좋았고 축복받은 한 사람이었다. 아는 것도 가진 것도 빈약하기 이를 데 없고, 그저 나약하기만 한 인간에게 베푼 신의 은총이었다.

여기서 다시

산티아고데콤포스텔라에서 사흘간 머물렀다. 보통 알베르게는 하루밖에 머물 수 없는 규정이 있지만 이곳은 허용이 되었다. 첫날은 도착해서 시내 구경하고 쉬느라, 다음 날은 대성당에서 미사를 드리고, 까미노 친구들과 저녁 식사하느라 마지막 날은 땅끝이라 불리는 묵시아와 피스테라를 관광하며 보냈다. 좀처럼 흥분이 가라앉지 않은 채 날이 어떻게 지나갔는지 모르겠다. 산티아고데콤포스텔라는 나 같은 순례자가 있는 한 아무리 세월이 흐른다 해도 좀처럼 꺼지지 않는 열기로 남아 있을 것이다. '안 간 사람은 있어도 한 번만 간 사람은 없다.'라는 말이 있듯이.

세미나리오매노르 알베르게는 1958년에 개교한 마이너 신학교의 커다란 건물에 있는 숙소로 침대는 1인용으로 모두 바닥에 배치되어 있고 개인 사물함이 있었다. 이미 순례길에서 멀어진 효주 씨와 프랑스 세 할아버지, 경미를 이곳에서 또 만났다. 다시는 못 볼 거라 생각했는데 감격스러웠다. 위풍당당한 건물에 기대어 노을을 보며 힘들었던 여정을 내려놓았다.

다음날, 미사가 열두 시에 있어 일찌감치 대성당으로 향했다. 이른 시간이라 도착하는 순례자는 없고 관광객만 돌아다니고 있어 차분한 풍경이었다. 밖은 바로크, 안은 로마네스크 양식으로 지어진 산티아고 대성당 여기저기를 둘러보았다. 지하에는 산티아고 순례길이 만들어지게 된 성 야고보(스페인어로 산티아고)의 무덤이 있었다. 밀려드는 관광객에 머뭇거릴 틈이 없었다. 스페인의 수호성인으로 가톨릭을 전파하는 길에서 수많은 전설을 만들어 냈고 한 해 평균 60만 명을 이곳으로 이끄는 주인공이지만 그냥 눈으로만 보고 지나칠 수밖에 없었다.

이곳 대성당에서 드리는 미사는 천장에 매달린 커다란 향로 보타푸메이로(Botafumeiro)가 큰 볼거리다. 기둥에 묶어둔 향로를 내려 여러 자원봉사자가 긴 끈을 잡고 향이 골고루 퍼지도록 조절하여 순례자를 축복한다. 오랫동안 찌들어 온 냄새를 없애고 새로 태어난 것을 축하하는 의미라고 한다. 향로가 공중그네를 타듯 춤을 추었다. 알아먹을 수 없는 언어였지만 가톨릭 전례는 이해하였다. 미사를 드리는 동안 감격의 눈물을 흘리는 이들이 눈에 띄었다. 긴 시간 동안 자신과의 싸움을 이겨낸 기쁨과, 어려운 길을 헤쳐 나갈 수 있도록 함께한 모든 것에 감사하는 시간이었다. 순례길을 걸어오며 지금까지 마음에 담아 두었던 오만 찌꺼기들이 연기처럼 사라져 버리는 경험을 했다. 샤워하듯 마음이 깨끗해지는 것. 내게 산티아고 순례길의 의미는 그것이었다.

순례자 대부분은 산티아고데콤포스텔라에서 길을 끝내지 않는다. 세상의 끝이라는 대서양을 마주하지 않고는 열정을 식힐 수 없는 것이다. 체력이 되지 않거나 시간이 부족한 사람은 버스를 이용하기도 하지만 한 걸음을 더 가 피스테라와 묵시아까지 걷는다. 우리는 갈리시아 광장에서 아홉 시에 출발하는 버스 투어를 했다. 모처럼 편안하게 이동하니 자꾸만 눈이 감겼다. 그 와중에도 여전히 무거운 배낭을 메고 걷는 순례자들이 눈에 들어왔다. 예수님이 제자들에게 땅끝까지 가서 말씀을 전하라 했던 성경 구절처럼 야고보 성인도 그리하다 순교했다. 걷는 순례자들이 더없이 숭고해 보였다.

오랜만에 탁 트인 바다, 대서양을 보니 너무나 좋았다. 피스테라에서 카타리나 부부를 다시 만났다. 복통으로 더 이상 걸을 수 없어 교통편을 알아보는 중이라고 했다. 투어 비용이 46유로인데 묵시아까지 가는 데 40유로에 태워주겠다 한다. 비싸긴 했지만 묵시아까지 가는 동안 함께할 수 있어 좋았다. 걸어서는 더 이상 나아갈 수 없는 세상의 끝이라 말하는 피스테라. 예전에는 이곳에다 순례길에서 신었던 신발이나 물건들을 태웠다는데 지금은 금지되고 상징적인 신발 조각상을 세워 두었다. 그리고 0km 표지석이 서 있다. 대서양의 거친 파도가 끊임없이 내달려 와 물보라를 일으킨다. 마지막으로 간 곳은 로마 시대에 지어진 마세이라 다리였다. 다섯 개의 아치로 센 물살을 가르고 물레방아를 돌릴 수 있도록 물 흐름을 바꿔 주고 있었다. 순례길에서 만난 수없이 많은 다리는 경계를 이어주고 안전하게 목적지에 닿게 해 주었다. 어디 다리뿐이랴.

이것으로 나의 산티아고 순례길 대장정을 마친다. 이젠 미련을 버리고 나를 데리고 와 준 모든 까미노를 둘둘 말아 영화필름처럼 감아 둘 때가 되었다. 누군가 '여행을 떠나는 것은 돌아오기 위해서'라고 했다. 여기가 내 인생의 반환점인지도 모르겠다. 지나가는 바람결처럼 이 말을 되뇌어 본다. '그래. 이제 여기서부터 다시 시작한다. 여기서 다시!'

길이 끝난 곳에서

순례길에서 돌아와 일주일간 아무 하는 일 없이 빈둥빈둥 보냈다. 자도 자도 끊임없이 졸음이 쏟아졌다. 여전히 비몽사몽 자면서도 걷고, 걸으면서도 자는 동안 하늘에 떠가는 구름을 보았다. 많은 얼굴이 파노라마처럼 스쳐지나가기도 하고 바닷물이 밀려와 모래 위 발자국을 순식간에 쓸어 가기도 한다. 인생은 한낱 일장춘몽이 아닐까? 남편의 몸무게는 무려 7kg, 나는 3kg이 빠져 있었다. 얼굴은 새까맣게 그을리고 머리카락은 허옇게 세었다. 검은들 어떻고 흰들 어떠랴. 이참에 한 달에 한 번씩 하던 염색을 안 하기로 마음먹는다.

순천만 정원에는 국제 정원박람회가 열려 연일 관광객이 북적거린다고 했다. 대단한 행사라는데 개장한 지 거의 두 달이 되도록 가 보지 못해서 바람도 쐴 겸 드디어 집을 나섰다. 자동차를 운전하는 것이 무척 낯설었다. 먼저 새로 만든 오천 그린광장으로 나가 보았다. 여행을 떠나기 전에 공사하는 걸 본 적이 있어 궁금했다. 푸른 잔디밭 가운데 두 개의 동산이 순천만 정원 봉화 언덕처럼 나선형으로 우뚝 솟아 있었다. 시원하게 펼쳐진 초록 광장에 오월의 햇살이 유난히 눈부시게 빛났다. 차에서 내려 심호흡을 한 다음 어느새 걷고 있었다.

그냥 드라이브만 할 생각으로 햇볕 차단제도 바르지 않고 모자도 쓰지 않았다. 그런데 아무 생각 없이 길을 따라 걸었다. 바람이 살랑살랑 귀를 간질이며 땀을 식힐 때야 비로소 기운이 좀 나기 시작했다. 현대 기술이 아무리 발달했어도 인간처럼 자연스럽게 걷는 로봇을 만들어 내지 못하는 것을 보면 걸음은 정말이지 인간에게 주어진 가장 멋진 축복인지도 모르겠다. 바로 이거였다. 걷는다는 것은 살아있다는 것.

동천 가에 다다르니 도로였던 자리도 잔디밭으로 변해 있었다. 신호등이며 도로 표지판, 전봇대가 사라졌고, 시멘트 포장길이었던 곳이 초록 물결로 쭉 뻗어 있었다. 어린아이처럼 마구 달려가고 싶은 충동이 일어났다. 그곳에는 '어싱길(자연과 접하는 맨발 길)'도 있었다. 몇 년 전에 경험했던 맨발 걷기가 생각나서 바로 신발을 벗었다. 조심스럽게 한 발 한 발 내딛는데 흙에 닿는 감촉이 온몸으로 퍼져 나갔다. 발뒤꿈치에서 시작해 발바닥과 발가락 끝으로 이어지는 움직임을 살피며 천천히 걸었다. 세포 하나하나가 모두 깨어나는 것 같았다. 이토록 열심히 걸었던 적이 있을까 싶게 걸음에 집중했다. 그러다 보니 잡다한 생각들이 땅으로 내려앉는다. 산티아고 순례길의 푸른 밀밭과 향량한 길이 생각났다. 지금도 그 길을 걸어갈 순례자들의 뒷모습이 떠올랐다.

길이란 그렇게 연결되나 보다. 시공간을 초월해서 풍경이 조금 바뀌고 만나는 사람은 달라졌지만, 우리 삶은 늘 길 위에 있다. 편의점에서 커피 한 잔을 사고 있는데 사람들이 지나갔다. 그들도 맨발이었다. 걷는 법을 잊었다가 다시 찾은 사람처럼 열심히 뒤를 쫓아갔다. 시청 건강증진과에서 운영하는 〈맨발 걷기 100일 프로젝트〉에 참가한 사람들이었다. 새로 생긴 남문으로 들어가서 정원 한 바퀴를 돌아 제자리로 오니 오전 시간이 다 갔다. 그렇게 해서 그들과 100일을 함께했다. 원 없이 맨발로 순천만 정원을 누비며 넘칠 정도로 아름다운 풍경을 즐겼다. 비가 오면 오는 대로 햇볕이 나면 나는 대로 좋았다. 드라마 〈도깨비〉에 나오는 대사처럼 '날이 좋아서, 날이 좋지 않아서, 날이 적당해서 모든 날이 좋았다.'

서리가 내리고 낙엽이 머리 위로 툭 떨어지던 어느 날, 갑자기 내 정체성이 궁금해졌다. 퇴직하고 나서 정처 없이 떠돌기만 한 것 같다. 마음은 비워졌고 크게 바라는 것도 없다. 그럼, 이제 남은 건 뭘까? 인간은 오직 고독 속에서만 자기 자신을 실존으로 인식할 수 있다고 했던 니체의 말이 떠올랐다. 홀로 있는 시간을 두려워하지 않아야 한다. 길이 끝난 곳에서 또 다른 길을 찾아 나선다.

내가 하고 싶은 일을 하는 것, 그것이 무엇이라도 좋을 것이다.

이남옥 수필집

바로 지금이야!

— 무던한 오후의 새로운 바람

인쇄 2024년 9월 19일
발행 2024년 9월 25일

지은이 이남옥
발행인 서정환
펴낸곳 수필과비평사
주소 서울시 종로구 삼일대로 32길 36(운현신화타워 빌딩) 305호
전화 (02) 3675-3885 (063) 275-4000
팩스 (063) 274-3131
이메일 essay321@hanmail.net
출판등록 제300-2013-133호
인쇄 · 제본 신아문예사

ISBN 979-11-5933-543-3 (03810)
값 13,000원

Printed in KOREA

전라남도 문화재단

※ 이 책은 전라남도문화재단의 후원을 받아 발간 되었습니다.